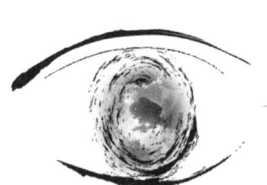

世界地理未解之谜

Unsolved mysteries 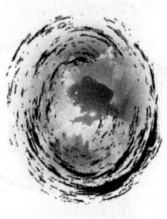 of world geography

Unsolved Mysteries of World Geography
世界地理未解之谜

编著：黎娜

光明日报出版社

前言
Preface

地球自诞生以来，45亿年间一直受着自然界各种力量的蚀刻。令人叹为观止的一片海域、一道瀑布、一个岩拱、一座山峰，在不同语言、不同宗教，甚而不同时代的人心里引起同样震撼的时候，也留给人们许多疑惑。当东非大裂谷畔发掘出人类最早的头骨化石时，人们不禁会问：地球是如此辽阔而丰饶，人类为何要"选中"非洲来开始生命的旅程呢？是钟情于这里奔流不息的尼罗河，还是追忆骷髅海岸曾经繁华如织？恐怖的百慕大三角区是无数飞机与船只的梦魇，而它的魔力究竟何在？亚瑟王廷所在地甘美乐是虚无缥缈的国度，还是英雄神话的寄寓之所？还有那四万个通向大海深处的诡谲石阶，究竟要把人类引往何处？那令人神共悚的蓝洞内又到底隐藏着什么样的魔怪……

这些令人感到困惑不解的事件与现象广泛而真实地存在着，有些是人类认识能力和科学水平所不能完全解释的，而有些则是其真实面目被历史所尘封，它们所散发的神秘魅力，困扰着科学家们，同时也像磁石般吸引着我们好奇的目光，并刺激着我们探究其真相。对种种未解之谜进行解析和破译的过程，不仅使我们窥见未知世界的神秘与深奥，也有助于我们了解世界地理研究中的许多前沿课题；不仅能获得知识上的收益，也可以得到精神上的愉快体验。

　《世界地理未解之谜》是一部融知识性、趣味性于一体的科普读物，以一种全新的视角来研究和探索地理谜题。编者在参考大量文献资料、学术专著以及最新科研成果的基础上，认真择取近年来在地理领域影响最大、最具研究价值的60多个谜题，分为地球篇、地理现象篇、海洋篇、亚洲篇、非洲篇、欧洲篇、美洲篇、大洋洲和南北极地区篇等八个篇章，多角度、全方位地诠释这些最受关注的地理谜题。为满足不同层面读者的阅读需求，本书在写作风格上力求通俗易懂，以凝练生动的语言深入浅出地讲解谜题。同时，本书以图释文、图文互济的编排方式将会给读者带来强烈的视觉冲击。根据文字内容精心选配的400余幅插图，包括久经沧桑的古代遗址、考古发掘的现场实景、电脑复原图及原理示意图等，通过简约开放的版式和文字等多种视觉要素的巧妙结合，弥补了单纯的解说过于抽象的缺憾，使知识的传达更加顺畅、准确，为读者营造一个轻松的阅读氛围，引领读者进入精彩、神秘的未知世界。

　　本书在严肃与充满趣味的探索中，史料与实物证据并举，力图掀开众多谜题的神秘面纱，披露鲜为人知的细节，给读者带来一窥真相的阅读快感，从中获得思考与发现的乐趣。

Contents 目录

地球篇

大陆漂移说的争论　12
探索火山爆发的规律　15
地震为何难以预测　18
冰川是怎样形成的　20
探寻沙漠的形成　22
海洋是怎样形成的　23

地球的起源、地球上生命的起源和人类的起源，被喻为地球科学的三大难题。对地球起源和演化问题进行系统的科学研究始于18世纪中叶，至今已经提出多种学说。现在流行的看法是……

地理现象篇

巨雹是怎样形成的　28
龙卷风成因探秘　30
在空中飘荡的幽灵　34
神奇的极光　36
"温室效应"的争议　40
撒旦的诅咒——厄尔尼诺　42
海市蜃楼　44
沙子会唱歌？　46

1894年5月，美国的博文纳下了一场大冰雹，其中一个直径达20厘米的大雹中包着一只乌龟；更有甚者，西伯利亚的一次降雹中，天上突然落下一个约100公斤重的巨雹，雹心竟是一个全副戎装的伞兵。你想知道这是怎么回事吗？

海洋篇

深海海沟中的秘密 50
怎样掌握海洋中的气候变化 52
海火之谜 54
最大的海底溶洞——巴哈马大蓝洞 55
美丽的"海底玫瑰园" 58
海底喷泉与海底"洞穴" 61
巨人岛催人长高之谜 63

1912年,泰坦尼克巨轮载着2200名"幸运"的男人、女人和孩子起锚了,但航行了仅仅四天半,"梦之船"与冰山相撞。随后的日子里,沉船事件在音乐、电影、小说等中被不断发展和开掘。有意思的是每个时代关于这场灾难的叙述都不尽相同,这也应验了一句话,故事是陈旧的,新鲜的是那片讲故事的嘴唇……

亚洲篇

沙漠中的"魔鬼城" 66
渤海古陆大平原可否再现 70
富士火山觉醒在即? 72
土耳其的地下城市 74
"世界屋脊"——喜马拉雅 78
寻找伊甸园 80

非洲篇

撒哈拉绿洲是如何变成沙漠的 84
神异巨制——沙漠岩画 86
阿苏伊尔幽谷中的谜团 91
东非大裂谷的未来 92
骷髅海岸之谜 94

1998年,非洲摄影师大卫·考尔森在尼日尔东北部的撒哈拉沙漠中,发现了一块雕有长颈鹿图案的巨型石刻。迄今为止,无人知晓是谁雕刻了这些图案。人们只知道非洲古代的手工艺者制作这些精美的石刻时,撒哈拉地区的气候是十分舒适宜人的,因此动植物繁盛,众多人口居住于此,他们在撒哈拉建立起城镇,开创了属于自己的文明。但是随着撒哈拉地区气候的异常变化,风沙掩盖了一切……

欧洲篇

踩在"火球"上的冰岛 98
神奇的麦田怪圈 100
通向大海的四万个台阶 104
世外桃源——甘美乐 106
永生在岩画上的神牛 108

这些屹立在大海之滨已有数千万年之久的岩层,以其井然有序的排列组合及美轮美奂的造型,令无数游人叹为观止。难怪当初这里的早期定居者固执地认定,这种现象只可能由一个神话中的巨人所为,以他们所拥有的知识是无法解释这种奇异的自然现象的。因此,他们把它称为"巨人之路"。即便是作为人类精英的科学家,也对这种自然现象产生了歧义。经过漫长的求索之后,有人提出"巨人之路"是……

美洲篇

塑造约塞密蒂谷的冰川　112
通向远古时空隧道科罗拉多大峡谷　114
五万年前的陨石坑　116
守时的间歇泉　118
神奇的尼亚加拉瀑布　120
沙漠为热带雨林"施肥"？　122
神奇的"黄泉大道"　124
纳斯卡地画出自谁人之手　126
的的喀喀湖——曾经的海洋？　130

1974年，在墨西哥召开的国际美洲人大会上，一位名叫休·哈雷斯顿的人声称，他在特奥瓦坎找到了一个适合其所有建筑和街道的测量单位。如果说这一切都是偶然的巧合，显然令人难以信服。如果说这是建造者们有意识的安排，那么在混沌初开的史前时代，是谁为他们指点出了这一切呢？

大洋洲和南北极地区篇

原始洞穴中的神秘手印　134
"梦幻圣殿"——艾尔斯巨石　136
世界上最大的珊瑚礁　138
南极冰层下的秘密　142
神秘的"无雪干谷"　146
神奇的南极威德尔海　150
北极的飞碟基地　151

艾尔斯山是世界上最大的独体岩块。巨石的颜色随日光照射程度差异而千变万化。尽管这座红岩山上立着"禁止采石"的标志，然而许多旅游者仍会偷偷砸下一块红石藏进包内。有趣的是，这些被窃走的石头最近又源源不断地从世界各地被寄回了乌卢鲁公园。许多寄件人在附信中称，这种红色岩石给他们带来了坏运气。难道这些石头……

秘境一览

这幅地图标示了本书所描绘的主要秘境。图解中,地名前的号码即该地在地图上的编号,其后的号码(用斜体表示)是该地在书中出现的页码。

1. 巨人之路 134
2. 匈奴墓 186
3. 埃武拉古墓 187
4. 阿苏伊尔幽谷 121
5. 阿及尔高原国家公园 186

6. 维苏威火山 187
7. 奥林匹斯山 187
8. 卡帕多基亚高原 104
9. 西奈山 186
10. 沙漠岩画 116

11. 东非大裂谷 122
12. 骷髅海岸 124
13. 喜马拉雅山 108
14. 魔鬼城 96
15. 渤海 100

16. 富士山 102
17. 艾尔斯巨石 168
18. 大堡礁 170
19. 约塞密蒂谷 144
20. 科罗拉多大峡谷 146
21. 巴宁格陨石坑 138
22. 尼亚加拉瀑布 152

23. 黄泉大道 156
24. 卡卡瓦米尔溶洞 187
25. 蓝洞 67
26. 马尾藻海 78
27. 安赫尔湖 187
28. 纳斯卡地画 158
29. 的的喀喀湖 162

地球篇

DIQIU PIAN

大陆漂移说的争论

● 麦卡托（1512～1594），荷兰人，16世纪伟大的地图学家，1585～1589年出版了包括法国、德国、荷兰、意大利和希腊等国的地图集。

16世纪末荷兰学者麦卡托依据人类长期积累的地理资料，并结合地理大发现，绘制出一张世界地图，是人类第一张绘制完整的世界地图，由此，人们对地球表面的基本地理状况有了比较准确的概念。许多人还因此对大陆形状产生了兴趣。自古以来地球上的陆地和海洋就是这样分布的吗？这种分布的形成过程具体情形是怎样的呢？

1910年，30岁的德国气象学家魏格纳生病住院。有一天，他躺在床上对着墙上的一幅世界地图出神。突然他发觉大西洋两岸的轮廓非常吻合，而且非洲一边的海岸线与南美洲一边的海岸线凹凸相对，看上去就像一张被撕成两半的报纸。一个美洲与非洲原本连在一起的念头在他脑海里一闪而过，不过，他当时没有去深究这个想法。

直到1911年秋，他从一个学术刊物上得知，美洲与非洲的某些生物是同种的。这个学术刊物还推测在两个大陆之间有陆桥连着它们。这大大启发了魏格纳。他全面阅读了当时的地质学与古生物学著作，经过仔细思考，他认为陆桥说是没有根据的。他推测美洲与非洲原本就是一个大陆，后来由于美洲向西漂移导致两者分开，才形成了今天的世界地理格局。为了证实这一想法，他从古生物学、地质学、古气候学等多方面着手，深入研究考察，结果发现大西洋两岸在对应的位置上有着对应的山脉、物种以及矿产。1912年魏格纳发表论文，提出了"大陆漂移说"。三年后他出版了《大陆与海洋的起源》，这本书引起了地质界的轰动。

大陆漂移学说认为，在距今2亿年前的古生代时期，世界各大陆是彼此相连的，即全球只有一块名叫"泛大陆"（又称联合大陆）的原始大陆，泛大陆周围的汪洋大海被称为"泛海洋"。后来到了中生代，在地球自转的离心力和天体的引潮力作用下，原始大陆被分成若干块，这些分裂出来的大陆块形成彼此分隔的大陆、岛屿。具体地说，美洲脱离了非洲和欧洲慢慢向西漂移，越漂越远，这样，它们之间就形成了大西洋；非洲原来有一半与亚洲相连，在漂移过程中，它的南端沿着顺时针方向略有转动，渐渐与印巴次大陆分离，在其中间便形成了印度洋；澳大利亚和南极洲则各自脱离了亚洲和非洲向南移动，分别形成了现在的澳大利亚和南极大陆。大陆板块的漂移奠定了现今海陆分布格局的基础。当然，各大陆可能还会继续漂移，使将来的全球海陆布局与现在又大不相同。

由于当时的人们对这个新学说存在种种疑问，而且这一学说也没有解决大陆漂移的动力机制问题，因此，地质界广泛抨击魏格纳的新思想。大陆漂移说没几年就销声匿迹了，人们也不再关注这个问题了。

随着海洋地质研究和古地磁研究的深入，20多年后，魏格纳大陆漂移学说又在新的理论基础上重新获得生命力。1954年，研究古代地磁学的英国物理学家布莱克特找到了大陆位移的直接证据。1961年，美国人赫兹依据磁性条带是沿大洋海岭对称分布的这一新发现提出了地幔对流和海底扩张说。他设想大洋的海岭是新地壳的诞生地，地幔中不断地从海岭当中的裂缝里流出来的物质凝结在海岭两边，使海岭不断向外扩张，形成了一浪接一浪、后浪推前浪的运动方式。赫兹还认为，迄今为止这种运动仍在继续进行，例如大洋底部的运动还处在这样一种不断更新的过程中。1965年，加拿大地球物理学家威尔逊提出"板块构造理论"。他将全球分成太平洋板块、印度洋板块、欧亚板块、美洲板块、非洲板块、南极板块等6大板块，地球板块的运动是引起大陆漂移的主要原因。1968年，法国人勒皮雄提出，20来个大板块组成了地球的外壳，但只有上面的6大板块是最基本的。由这个板块构造理论可以推知，整个地质时代，在地壳的不断变化中，载着大陆的板块都在不停地运动。

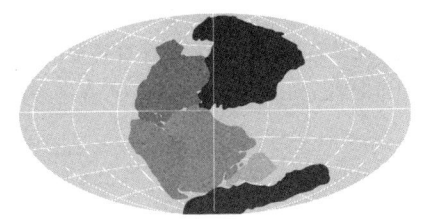

1. 地球在两亿年前大概只有这一块联合大陆。专家认为海底大陆斜坡廓线才是各大陆的真正边界，这张构想图便根据这一理论绘制而成。图中可见大洋洲与南极洲相连，而印度还在非洲与南极洲之间。

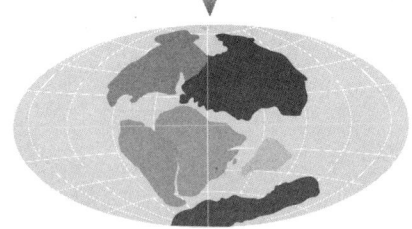

2. 约在1.35亿年前，联合大陆沿着在赤道稍北的一条东西断层裂开了。北美洲正与欧洲分离，南美洲从非洲完全分离出来，大洋洲与南极洲还连在一起，印度迅速向北漂去。

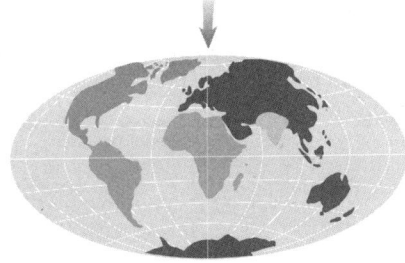

3. 现今的地球有如上图。南北美洲向西漂移后，由新形成的大西洋海盆把它们与东半球隔开。印度撞及亚洲下侧，此时非洲向北微微移动。大洋洲从南极洲分裂出来，漂到现在的位置。

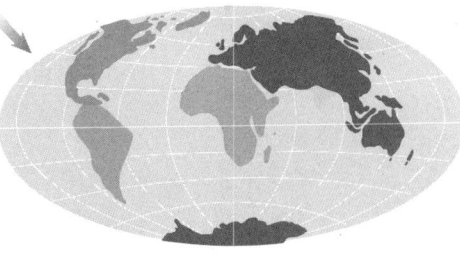

4. 这张5000万年后的地图是依循现有趋势绘出来的。大西洋特别是南大西洋会扩大，但太平洋会缩小。印度一直保持东移的趋势，大洋洲慢慢靠近东南亚，非洲东部和美国加利福尼亚州一部分移入大海。新的大陆将出现于加勒比海。

13

后来，大陆漂移学说不断得到现实中更直接、更有力的证据支持。1984年5月21日，《华盛顿邮报》报道：美国航天局的科学家5年来一直在十多个国家测量大陆漂移情况，他们通过激光和射电望远镜取得丰富的资料，研究发现：大西洋宽度每年扩大1.52厘米；加利福尼亚南北两部分处于不同大陆板块，它们以每年60厘米的速度相互挤压；夏威夷和南美洲以每年5.08厘米的速度在靠拢，而澳大利亚和北美洲则以每年1.02厘米的速度漂离。科学家们认为，这些事实准确无误地证实了大陆漂移学说。这样，大陆漂移学说被继承并不断完善，最终形成了具有广泛影响的"板块构造学说"和"海底扩张说"。

不过时至今日，人们对这一理论仍不断提出质疑。如一些科学家就持不同的观点，认为"大陆漂移假说"以及相似的"板块构造说"是以地球体积和地表总面积固定不变为前提的，是从对地壳变动的认识来分析问题的，因而有许多疑点无法解释。但正是勒皮雄关于大陆本来连在一起的思想，启发了后来的包括怀疑、反对他的研究者。因而不管他的理论存在多少疑点，他的影响都是巨大的。

◎ 大陆的形状可能是大陆漂移最显而易见的迹象。非洲大陆的西海岸和南美大陆的东海岸看起来就像拼嵌图的拼版，拼在一起时吻合无间。这说明这两块大陆曾是一块更大的大陆的组成部分，后来才分裂开来的。

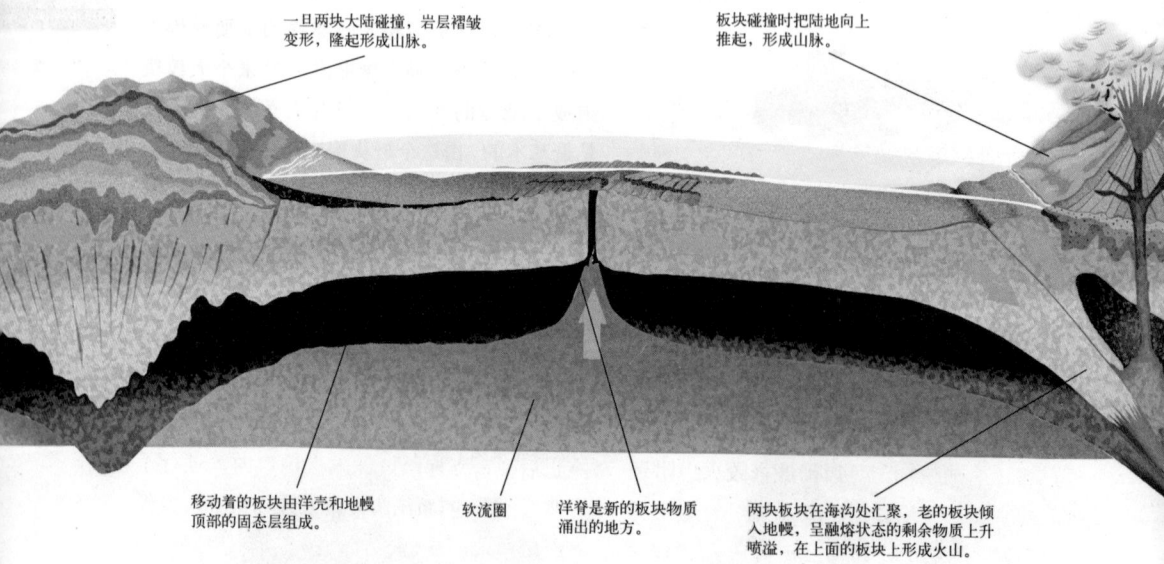

探索火山爆发的规律

公元79年的一天下午，意大利的维苏威火山突然爆发，附近的两座小城全部埋葬在火山爆发喷出的火山灰底下。直到1600年后，这座被火山灰湮灭了的城市才被人们发现。

1902年5月8日，加勒比海东部的培雷火山，在沉睡了50年后爆发了。大量的气体和火山灰变成的高温黑烟在向水平方向推进时，正好经过距火山8000米的圣皮埃尔城，整个城市在猛烈的火焰横扫下被夷为废墟。约有2.8万人在火焰的侵袭下窒息而死，整个城市除了一个关在地牢里的囚犯侥幸逃了出来外，其他人全部丧生。

1980年，美国圣海伦斯火山连续发生4次大爆发。当时，火山灰同气体在空中摩擦，冲击波穿透云层，产生了雷鸣、闪电和强烈的暴风雨，并有大规模的山崩发生，使原火山的顶部降低了200米。

自古以来，火山爆发给人类造成了巨大的危害，它的破坏力足以彻底摧毁火山附近的村庄、城市。因此，人们渴望了解火山爆发的规律，以期最终战胜它。

古罗马人普林尼安是世界上最早详细地考察和记载火山情况的人。公元79年，维苏威火山大爆发，普林尼安对这次大爆发进行了实地考察，并且详细地记录了爆发的全部

● 公元79年，维苏威火山爆发时庞贝城的情景。

过程，为后人了解这次灾难留下了宝贵的资料。不幸的是，由于他在考察时吸入了过多的火山喷出的有毒气体，做完这个伟大的贡献后不久就去世了。人们为了纪念这位火山研究的先驱，决定以他的名字来给维苏威型火山喷发命名。因此，维苏威型火山喷发又叫"普林尼安型火山喷发"。

20世纪以来，伴随着科学技术的飞速发展，人们对火山的研究也取得了重大进展。1944～1945年，苏联东部堪察加半岛一带的克留赤夫火山开始了大规模的喷发，这次喷发持续了很长时间，而且十分猛烈。喷发停止后，一支探险队深入火山口内，进行了为期近30年的系统研究，大大加快了人类预测火山爆发的步伐。1955年，苏联科学院的火山研究站综合许多前人研究的成果以及他们自己的经验，对堪察加半岛进行了一番实地考察，预测该岛的另一座火山将要爆发。果然，10多天以后，这座火山爆发了。

1976年夏天，加勒比海东部瓜德罗普岛上的苏弗里埃尔火山开始喷发，且接连不断。这一消息传出后，世界各国的火山专家们纷纷赶到岛上，在全面考察了苏弗里埃尔火山之后，提出了两种截然相反的意见。以比利时火山专家哈伦·塔齐耶夫为首的专家小组持十分乐观的态度，他们认为：苏弗里埃尔火山的内部构造和亚洲印度尼西亚、菲律宾一带的火山相似，都是由于地下水被加热产生蒸汽，然后从火山口喷出，这就导致每10分钟一次的小规模喷发，由于不会有大规模的喷发，因此岛上的居民是安全的。

塔齐耶夫为了进一步证实自己的推断，决定亲自到火山口去实地勘察岩石的变化情况。但此时，由于火山的连续喷发，已很难接近火山口。8月30日，他率领一支由9人组成的观察小组前往火山口进行实地考察，他们冒着极大的危险从火山口取回了大量第一手资料，证明塔齐耶夫的观点是正确的。根据他的考察成果，瓜德罗普岛的居民在隆隆的火山轰鸣声中继续正常的工作和生活。

1982年3~4月，埃尔奇琼火山突然爆发，大量气体和尘土被喷射到距地面42千米的高空，然后降落到北美和南美之间的广大地区，附近的村庄无一幸免地遭受了火山灰和熔岩的袭击。

埃尔奇琼火山的爆发最早是由美国的人造卫星探测到的。火山喷发后地球高层大气中的二氧化氮、臭氧和水汽的含量以及海洋的表面温度都出现了异常，天空中还出现了由几百万吨火山灰和烟气形成的厚达3000米的巨大云层。科学家经过分析后认为，由于大量阳光被厚厚的云层所阻挡，使一些地区得不到照射，造成了地表温度的变化，甚至有些地方出现了干旱、热浪和暴雨等灾害。为了彻底研究这个现象以及它所带来的后果，研究人员乘飞机降落到火山口，对火山口进行实地调查。

虽然几个月前大规模喷发已经停止，但仍有水蒸气和有毒的气体从湖水中和地面上大大小小的裂缝中不断地冒出。到这里的人必须戴防护面具，否则几分钟内就会倒毙，但即使戴上了防护面具也只能坚持几小时。这使得考察队员们不得不把营地建立在火山口外，然后每天冒着极大的风险乘直升机出入火山口。但用这种方法也很困难，因为火山口经常有大风，使得直升机飞行困难，加上云层很厚，导致驾驶员很难看清周围的情况，根本无法使直升机安全降落……

在如此恶劣的环境中，考察队员们开始了对火山全面而细致的研究。美国科学家罗斯是第一个走进火口湖的人。火口湖湖面很宽，湖水很浅，只没到他的脚踝，可是热得让人受不了，罗斯咬牙坚持着，用取样管采集到湖水样品。同样毫不畏惧地走进火口湖的美国科学家汤姆斯·卡萨德瓦尔，则用一个小型温差电偶测出湖水的温度为52℃。这两名美国科学家对湖水进行检测，发现由于很多二氧化硫溶解在水中，使得湖水呈酸性。

美国科学家佐勒花了许多时间和力气才将一台重17千克的抽气装置安装在火山口。他利用这台装置，采集到几十管从裂缝中冒出的气体，经过测算他发现埃尔奇琼火山每天能喷出约400吨硫。

探险家的冒险取得了重大的成果，专家们根据他们收集的资料研究分析埃尔奇琼火山爆发对全球气候的巨大影响、政府应如何制定相关的农业政策等等。

在火山专家们和火山探险家的共同努力下，人们已初步掌握了一些火山活动的规律，并根据这些成果和已经积累的经验，多次成功地对火山爆发作出预测。

安山岩熔岩常常在火山口冷凝成固体，致使火山口堵塞。随着内部压力逐步增大，火山有可能再度突然爆发。

安山岩火山

安山岩火山是一种边坡陡峭的火山锥。熔融的板块物质从地下爆炸般地喷出，缓慢流动的熔岩和火山灰逐渐堆积起来形成安山岩。

火山口的形状像一只漏斗，有些部分被前几次喷发的火山灰堵塞。

山的一边塌陷，释放出火山崩流。

在意大利的西西里岛上，耸立着欧洲最高的火山——埃特纳火山，历史上这座火山曾多次爆发。1983年3月28日，埃特纳火山再次喷发。为了维护人民的生命财产安全，意大利政府决定采取积极的措施，人为地改变熔岩的流向，将它导入附近的一个死火山口里。

1983年5月14日凌晨4时，人类历史上首次成功使用人工爆破法改变火山熔岩流向。通过电视屏幕，无数人看到了这激动人心的过程。这是人类在征服火山、改造火山的进程中取得的一次伟大胜利。

地震为何难以预测

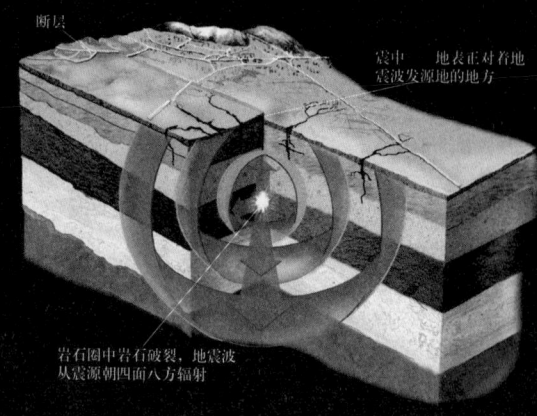

岩石圈中岩石破裂，地震波从震源朝四面八方辐射

◎ 地震发生时，地震波从震源辐射出去，地表正对着震源的地方叫震中。震源发出的压力波和地震波造成地面开裂，破坏房屋。

1976年7月28日深夜，位于中国华北地区的唐山市万籁俱寂，夜晚的凉爽使饱受白天酷暑困扰的市民们安然入睡。突然，空中划过一道诡异的光亮，紧接着响起十分刺耳的噪音。刹那间，地动山摇，地面轰轰裂陷，房倒屋塌，黑水从地下汩汩冒出，一座美丽的城市在顷刻间化为一片废墟。这就是震惊中外的唐山大地震。在那次地震中，共死亡20多万人，它的惨烈程度令世人震惊。

地震是一种自然灾害，它的破坏力十分强大，让人谈之色变，使居住在地球上的人们缺乏安全感。许久以来，人类一直渴望能找到一种可以准确预报地震的方法，以减少和预防地震带来的损失。但直到现在，这个愿望仍没能真正地实现。

地震的形成有两种原因，一是火山爆发，一是地下岩石运动。一些地震发生在地下至少10～20千米的岩石圈中，有的甚至深达数百千米，这种深度大的地震和坚硬的岩石圈给人类的观测造成了一定难度。更何况，地震是由多种因素引起的，人们很难一一预测到。所以，想要预测地震是件很困难的事，尤其是临震预报和近期预报。有许多历史资料记载了从自古至今的许多重大的地震的情况和损失，但少有说到抗灾防灾、预防地震的。

现在，科学家们终于找到了一种新的预测地震的方法——运用卫星预测地震，科学家们借助卫星遥感技术进一步了解和观测气象活动。

科学家们发现，当情况异常时，地表温度就会比周围正常温度高2℃～

■ 深源地震带　　⁂ 浅源地震带　　◎ 全球地震带分布示意图

6℃。这与地震的发生关系密切,因为,在地震将要发生的地区,地壳会先产生很大的力,挤压震中周围的岩石。这些岩石由于受挤压就会变形而产生裂缝,顺着这些裂缝会释放出二氧化碳、氢气、氦气和甲烷等气体。由此可知,如果一个地方将要发生地震,那么在震前,这个地方的低空大气会局部升温。又因为热物体向外辐射红外线(红外电磁波)时,它的强度大小是受物体温度影响的。所以,当一个地方产生热红外异常现象时,那肯定是因为这个地方的低空大气升温,而卫星上的红外探测器就是专门帮助科学家们探测并及时捕捉地球表面温度瞬间变化的。这样,就可以及时掌握地震前发出的信息,从而很好地预测地震。

当然,只有这种热红外地震前兆信息是不够的。地震专家还要结合地质构造、地震带分布以及气象等情况进行全面分析,这样才能准确预测地震发生的时间、地点和震级。

现在,这种新的预测方法已得到了实际的运用,并取得了初步的成效。例如,1997年,地震工作者对日本列岛做过7次预报,除了1次失误,其余6次都是比较准确的。

在对"卫星热红外图像震兆"的研究中,地震工作者已经取得了引人注目的成就,虽然仍有许多难题没有解决,但地震预测技术必将日益完善。

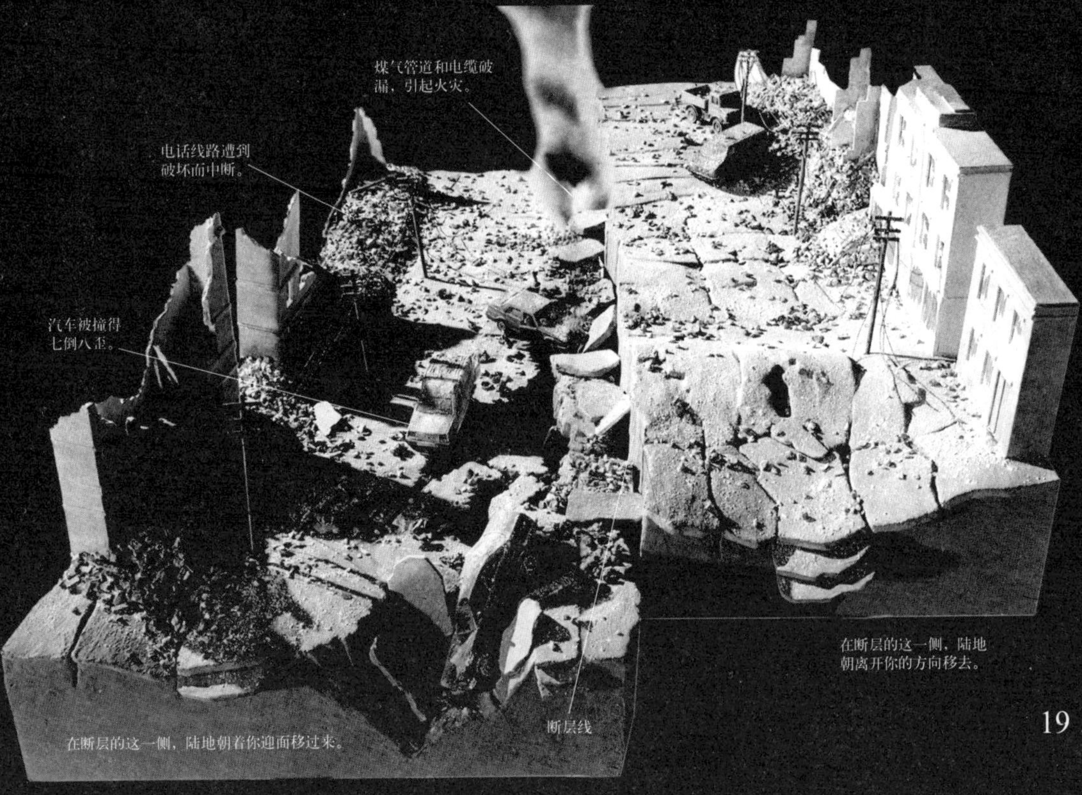

◉ 强烈的地震常会带来严重的灾难,比如地面裂开巨大的豁口,造成道路被毁,建筑物崩塌,甚至整座整座的城镇被夷为平地。

煤气管道和电缆破漏,引起火灾。

电话线路遭到破坏而中断。

汽车被撞得七倒八歪。

在断层的这一侧,陆地朝离开你的方向移去。

断层线

在断层的这一侧,陆地朝着你迎面移过来。

冰川是怎样形成的

从飞机上可以看到，一道冰墙正从冰川裂开，坠入下面的水中。

世界上的大河，多半都发源于冰川。全世界约 3/4 的淡水，都结成冰储存起来了。

那么，冰川究竟是怎样产生的呢？简单说来，每当下降的雪超过融解的雪就会形成冰川。雪暴接连降落，积雪日深，由雪片变成的冰晶便会越来越紧密，而重新结晶成为近乎球形的坚硬冰粒。随着积雪逐年增加，冰块逐渐增大，并且越来越坚硬。根据冰川的形态和分布特点，可分为大陆冰川和山岳冰川两大类。大陆冰川又叫冰被，多出现在两极地区。大陆冰川不受地形的影响，由于冰体深厚巨大，使得地面的高低起伏都被掩盖在整个冰川之下，表面呈凸起状，中间高，四周低。山岳冰川发育于山地，形态常受地形的影响，比大陆冰川小得多。它们有的静卧幽谷，有的如瀑布直泻而下；尤其是那些冰川上的冰塔、冰洞，形态各异。

这种像岩石般的大冰块又怎么会移动呢？许多科学家都认为，冰块厚度达到 30～45 厘米时，便会起变化。晶状冰在冰川深度遭受重大压力时，变为半可塑性，受到地心引力开始流动。大多数冰川每天只移动一或两英寸，有些冰川则全不移动。但也有例外的，1966 年，有一位飞机师在加拿大上空飞越史提尔山时，看见一条非常壮观的冰川，正以每小时两英尺的速度有规律地向前冲行。

许多世纪以来，冰川已使地球面貌大为改观。冰川沿着峡谷向前移动时，把在谷底遇到的岩石及泥土都挖了出来。岩块碎石随着冰川前进，又把下面的基岩磨蚀，使冰蚀槽扩宽加深。北美洲五大湖、挪威沿海的峡湾、阿尔卑斯山高耸的马特杭峰，以及落基山脉都是冰川的杰作。

上次冰期在 1.8 万年达到最高点时，地球陆地

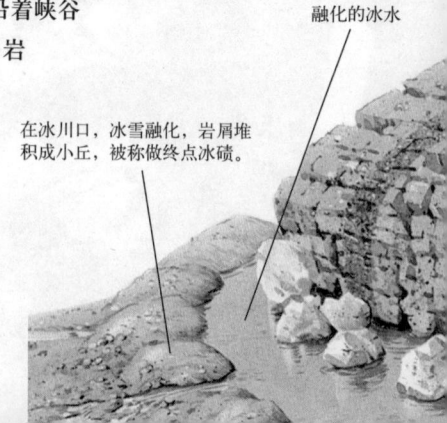

融化的冰水

在冰川口，冰雪融化，岩屑堆积成小丘，被称做终点冰碛。

大约有 30% 被冰原覆盖了。四个巨大的冰原相继侵袭北半球，在斯堪的纳维亚半岛积冰高达 8000 多英尺。冰原向南推进，掩盖了英格兰北部和德国，向东几乎到了莫斯科。在北美洲，积冰一直到把过的半大陆掩盖了才停止。约在 1.3 万年前上次冰期的冰才开始迅速消退。融解后的水使各海洋的水面上升了 400 英尺左右，接近目前的水平。但至今仍存留着两个冰原，一个在南极洲，一个在格陵兰。南极洲几乎都被坚冰覆盖着，有些地方冰原厚达 600 多米。

格陵兰冰川整个面积为 165 万平方千米，占格陵兰总面积的 90%，中心最大厚度达 1860 米，边缘仅 45 米。巨大的冰山从险峻的格陵兰高原崩裂下来，滑入海洋，漂流数百英里之外。

那么上期冰川又是怎样形成的呢？

太阳辐射说认为，太阳辐射放出的能量发生改变时，地球上的温度也随之变化。因此在太阳辐射减弱的时期，地球就可能变冷，冷得足以引起一次冰期。

另一种学说则认为地球大气成分中许多原因不明的变化，例如雪层增厚、空气污染、火山尘、陨星碎石或其他物质，都可能挡住一部分太阳辐射，而导致地球温度的降低。

那么地球上的冰川是否会大量融解，以致海面上升，把沿海各大陆淹没呢？地球是不是会逐渐变冷，进入另一个冰期呢？这类问题还有待进一步研究。

角峰

冰斗

冰隙

冰川的移动

冰川口

🌎 冰川是自然界的一股巨大侵蚀力量，在重力作用下，携带着大量碎石的冰川从山顶缓慢向下滑移，途中毫不留情地侵蚀着地表，是大自然开谷移山的一种壮观景象。

探寻沙漠的形成

辽阔的大漠给人以壮美的感觉，但也吞噬了无数美好的生命。如今，沙漠正以非常快的速度向人类的生存地带延伸，人类的未来面临着严峻挑战。人们在治理沙漠的同时，也在思索着沙漠的形成原因。

从地球上沙漠的分布来看，沙漠是地球上干旱气候的产物。然而，并不是所有沙漠的成因都能用这一观点来解释。例如，塔尔沙漠在平时上空总是湿润多云，而当西南季风来临时，空气中的水汽含量几乎可与热带雨林区相比，即使如此它仍然是一片沙漠。

经过研究，科学家们认为形成沙漠的主要原因是尘埃。塔尔沙漠上空平均每平方千米飘浮着1吨半多的尘埃，是芝加哥上空的好几倍，而且尘埃分布高度也较高。塔尔沙漠没有降雨的条件，也没有成露的条件：白天尘层增温，空气因地面缺少加热而不能上升；夜间，尘埃以散热冷却为主，空气下沉使地面散热减弱。尘埃使空气变得十分干燥，地面只能形成沙漠。

那么，这么多的尘埃又源于何处呢？有的学者指出，人类是破坏生态环境、制造沙漠的真正凶手。

世界上最大的沙漠——撒哈拉沙漠的演变进一步证实了这一观点。谁能想到，在远古时代，撒哈拉的大部分地区曾经是一片植物茂盛的肥沃土地。然而，人类常常为了眼前的利益，乱砍滥伐，大肆破坏自然，造成了土地的严重沙化，从而加快了沙漠化的进程。

也有人反驳说，有些沙漠产生时，地球上还没有人类。人类不适当地开发自然，固然会使丰美的草原、森林退化成沙漠，但沙漠本身作为一种生态类型，早在人类出现以前就存在了。

到底是人类还是气候制造了沙漠？或是他们共同制造了沙漠？人们对这个问题仍然争论不休。但有一点是无须争论的，那就是为了人类的将来，当务之急应抓紧治理沙漠，努力保护我们的地球家园。

● 晚上，沙漠要凉快得多，空气变得也较为潮湿。许多动物纷纷出来觅食。

海洋是怎样形成的

海洋总给人以广阔深邃之感,海洋面积为36100万平方千米,占全球总面积的70.8%,而陆地则小得多,仅为29.2%。可是你是否想过,这么多水是从哪里来的呢?

对于这个问题,自古以来人们就一直在思考。在科技不发达的古代,人们常将无法解释的事物、现象同神话联系起来,对于海水的来源、海洋的成因,同样有许多美丽、离奇的传说。

关于海洋形成的神话在古代的巴比伦流传着这样的故事:月神马尼多克在与恶魔狄亚马德搏斗中杀死了他,并把他的尸体分成两半。月神将一半向上高举,这一半变成了太阳和月亮;将另一半向下沉落,则变成了山岳、河流和海洋。

中国古代同样有一个关于海洋形成的神话,在神话中有个力大无比的英雄名叫共工,他一怒之下触倒不周山,不周山是支撑天地的一根支柱,天地因此失去支撑而倾斜。天倾西北,石头从天上掉下来,从此西北多高山;地陷东南,于是海洋在中国东南方形成了。

世界地理未解之谜

时至今日,科学有了巨大的飞跃,但在海水来自何处这一问题上还没有定论。

大众较为熟知的是"同生说",即地球产生的同时,海洋也相伴而生了。这种观点将海洋的形成同地球形成的地质演变紧密联系在一起。

太阳星云在60多亿年前产生了分化,地球物质在太阳的分化时期独立了出来。最初,这些物质以一个个团块的方式混杂在一起,团块在运动过程中互相碰撞结合,逐渐由小变大,一个原始的地球在这个过程中发展到一定的程度时就产生了。原始地球没有现在大片大片的蔚蓝色的海洋以及严严实实地包裹着地球的厚厚的大气。它是没有生命的,一切都未成形,地球温度也不高,各种物质混杂在一起。后来它的内部逐渐变暖,其原因是地球的增长和绝热压缩作用。地球内部的一些放射性元素开始蜕变,释放出大量的不断积累的热量。地球内部不断升温,物质在高温下开始熔解。重者在重力作用下沉,轻者则上浮,在高温下水汽与大气从其他物质中分化出来,飞升进入空中,形成地球上的厚厚的大气层。后来水汽与大气的温度在地球表面逐渐变冷的影响下降低,水汽凝结成云,行云致雨,通过千沟万壑,雨水在原始的洼地中汇集成江河、海洋。原始水圈就是这样形成的。

研究地球内部构造和物质水分的科学家在海洋形成的问题上提出了自己的观点,他们认为地球表面本来没有水,

◎ 希腊神话中的海神波塞冬

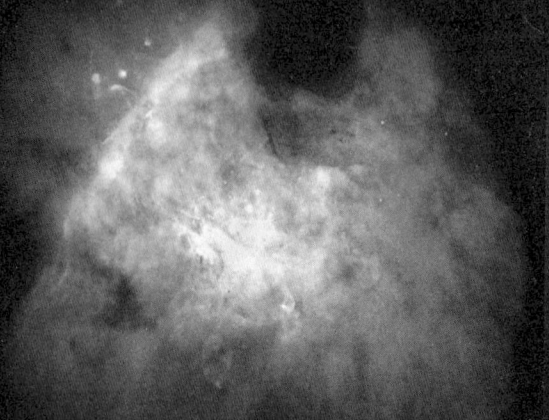

◉ 有科学家提出地球上的水最早是从星云物质中来的。

◉ 根据美国弗兰克等科学家的理论，太空中由冰组成的彗星是地球上水的来源。

水是后来从地球内部"挤"出来的，这就是著名的内生说。

科学家推测，原始海洋中海水只是目前的1/10，经过长期积累才有了今天这样的规模。海水增加的最主要方式是火山活动。火山爆发时，喷射出以氯化钠、氯化钾等大量氯化物和大量水汽为主要成分的高温气体。有时这种气体喷发时甚至伴随有沸腾的水柱，因而火山活动释放出十分惊人的水分。现在每年火山爆发喷出大量温泉，其水量就高达6600亿吨。地球在几十亿年的生命史中经历了漫长的地质历史时期，许多次的火山爆发产生了大量的水，它们汇集在一起，便形成了今天的海洋。

水是不断从地球深部释放出来的，因为几乎总会有大量气体在每次火山爆发时喷出，其中水蒸气最多时要占到75%以上。水分也存在于地下深处的岩浆中，火成岩由岩浆凝固结晶而成，里面也含有一定数量的结晶水。

但是，随着人们对火山现象研究的不断深入，发现同火山活动有关的水是地球现有水循环的一部分，并不是什么从深部释放出来的"新生水"。在世界各火山活动区与火山有关的热水中存在一种成分，叫作氘。科学家克莱因对其作了分析，证明与当地的地面水一样，具有相同的同位素比，从而确认了渗入地下的地面水在火山热水的作用下，它们重新上升产生了氘。后来，有些科学家分析某些地区火山热力的氘，发现人工爆炸产生了高含量的氘，这就进一步说明有些火山热水只不过是新近渗入地下的雨水。那些主张地球水来自"娘胎"的研究者根据这些研究成果修正了对火山水的看法，认为在地球演化的早期，现有的地球水从深部释放出来。

与同生说、内生说不同，一些学者认为地球自身没有"能力"产生这么多的水，他们认为海洋中大量的水来自于地球之外，于是提出了外生说。但是在外生说内部，也有很大的分歧。

有些科学家说，地球水是太阳风带来的，是太阳风的杰作。科学家托维利首先提出，太阳风是太阳外层大气向外逸散出来的粒子流。他还认为电子和氢原子核——质子是太阳风的主要组成成分。托维利根据计算得出结论：地球从形成到今天，已从太阳风中吸收了大量的氢，其总量达1.70×10^{23}克。如果把这些氢全部与地球上的氧结合，就可产生1.53×10^{24}克的水，这个数字十分接近现有地球水的总量145亿吨。更主要的是，地球水中的氢与氘的含量之比同太阳表面的氢气比是十分接近的,为 6700∶1。因此他认为,地球水来自太阳风的最有力的证据就在于此。但是一些科学家发现,大气中水蒸气分子在太阳紫外线的作用下,会分解成氢原子和氧原子,从而造成地球表面的水向太空流失。当氢原子到达 80~100 千米气体稀薄的高热层中,氢原子就会离开大气层而进入太空,其运动速度会超过宇宙速度。人们的计算结果表明,飞离地球表面的水量大致等于进入地球表面的水量。但地质学家发现,世界海洋的水位在 2 万年间涨高了大约 100 米,至今人们还不能解释地球表面水不断增多的原因。

当人们怀疑海洋中的水形成于太阳风时,美国弗兰克等科学家提出了地球上的水来自太空中由冰组成的彗星这样一个理论。这个理论引起了科学界的广泛关注。

弗兰克等人自 1981 年以来研究了从人造卫星发回的几千幅地球大气紫外辐射图像,他们发现总有一些小黑斑在圆盘形状的地球图像上。每个小黑斑大约存在 2~3 分钟,面积约有 2000 平方千米。仔细研究和检测分析之后,科学家们认为这些黑斑是由一些看不见的冰块组成的小彗星撞进地球大气层后破裂和融化成水蒸气造成的。每 5 分钟大约有 20 颗这种冰球进入大气层,它们平均直径为 10 米,每颗融化后相当于 100 吨左右的水,从而每年可增加约 10 亿吨水。地球大约有 46 亿年的历史,也就是说,地球从这种冰球中可获得 460 亿吨水,

◎ 海湾海峡示意图

超过了现在地球水体总量。

在海水自何处来这一问题上,学者们的看法截然不同,每一种假说都有其合理之处,但每一种学说又都会遇到无法解释的现象,海水的真正源头至今还是一个谜。

冰雹是怎样形成的
龙卷风成因之谜
在空中飘荡的幽灵
"温室"
鸣沙山的沙
撒旦的诅

冰雹是怎样形成的

从春末到夏季，是冰雹经常出现的季节。但是按常理来说，只有在冬天那种寒冷的天气里才会结冰，可为什么在炎热的夏天也能形成冰？这实在令人费解。

中国面积辽阔，各地的气候条件各具特点，有些地方就常常发生冰雹灾害。冰雹的分布有这样一个特点：西部多，东部少，山区多，平原少。冰雹在中国东南部地区很少见，常常几年、几十年也遇不到一次；而青藏高原则是冰雹常光顾的地区，局部地区每年下冰雹的次数超过20次，个别年份达50次以上。唐古拉山的黑河一带是中国冰雹最多的地方，平均每年下冰雹34次之多。

世界上冰雹最多的地方则是肯尼亚的克里省和南蒂地区，那里一年365天中有130天左右下冰雹。

1928年7月6日，在美国内布拉斯加州的博达，下了一次规模较大的冰雹，冰雹堆积有3～4.6米高，其中最大的一个冰雹周长431.8毫米，重680克，是当时世界上最重的冰雹块。

1968年3月，在印度比哈尔邦降下的冰雹中，有一块重1000克，一头小牛被当场砸死。这是人类历史上一次严重的冰雹灾害，十分罕见。

那冰雹是怎么产生的呢？它为什么会在夏天出现呢？

原来，在夏天，大量水汽在强烈的阳光照射下，急剧上升，到高空遇冷迅速凝结成小冰晶往下落，一路上碰上小水滴，掺合在一起变成雪珠。雪珠在下降过程中被新的不断上升的热气流带回高空。就这样，雪珠在云层内上下翻滚，裹上了层层冰外衣，越变越大，也越来越重，终于从空中落下，成为冰雹。冰雹小如黄豆，大如鸡蛋，最大的像砖块那么大。冰雹形状并不规则，多数呈球状，有时呈块状或圆锥状。冰雹内部构造很不

雹块又新结上一层冰。

雹块最后变得很重，难以在云中停留，于是就落到地面上来。

气流将雹块带回云的顶部。

● 冰雹要变成豌豆那样大的雹块必须在云中停留足够长的时间，亦即以每秒30米的速度不停地上下运动。

均匀，中间有一个核，叫雹核，主要是由霰粒或软雹构成，也有由大水滴冻结而成透明冰核的。雹核的外面交替地包裹着几层透明和不透明的冰层，有的冰雹多达10几层甚至30层，在冰层中还夹杂着大小不同的气泡。

1894年5月11日下午，在美国的博文纳一带下了一场大冰雹。人们发现其中有一块冰雹直径竟然长达15.2～20.3厘米。仔细观察后发现，冰雹里居然有一只乌龟，外面才是层层厚冰。原来，在博文纳，那天正刮着旋风，这只不幸的乌龟被旋风卷上天空，直上云霄，在云海里被当做核，被冰晶层层包裹，等到超过上升气流的承托力时，才坠落到了地面。

有趣的是，有时一场冰雹过后，人们会发现一些特大的冰雹，有的重几十千克，足有面盆大；有的竟有汽车那么大。如1957年，中国内蒙古伊克昭盟金霍洛旋下了一场冰雹，人们在山谷中发现了一块像一辆吉普车那么大的巨雹。更令人惊奇的是，1973年6月13日，在中国甘肃华池县山庄桥发现的一块巨雹比房屋还高。

这些巨雹真是从天上降落下来的吗？但上升空气是托不住一个重10千克的巨雹的，所以巨雹来自天空的可能性微乎其微。那它又来自何方呢？

由于没有足够的证据，科学家只能对巨雹之谜进行推测。他们认为，在降雹过程中，冰雹云后部受到干冷空气的侵袭，结果降落到地面的雨滴仍保持着冷却性，随风飘下的雨滴聚集在某一冷的物体侧面上，边冻结，边增厚，形成棱形的巨雹。因此，它的原料来自于天上，成品却是在地面上加工形成的。这种推测有一定的道理，但目前也只是推测。

巨雹究竟是怎么回事？我们只能寄希望于气象学家的研究。终有一天，这个谜会被解开。

● 有的冰雹就像是雪一样，松松软软的，但有的冰雹，就像是冰块一般，相当坚硬，如果降下的冰雹过大时，就有可能造成农作物、建筑物甚至是人员的伤害。

龙卷风成因探秘

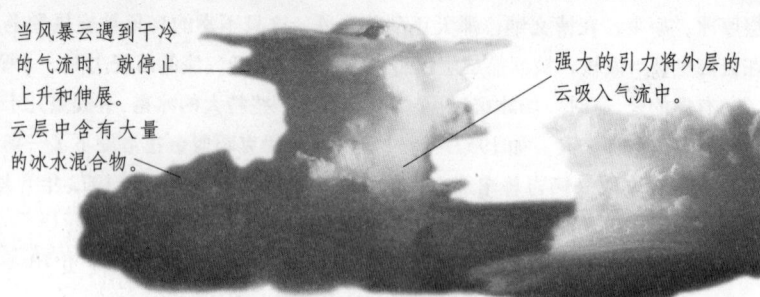

● 超级蜂窝式云
大多数风暴开始时像上升的蜂窝，当空气流动加快时，就会产生巨大的引力将水卷入云层，飓风和龙卷风就是由这些"蜂巢"构成的。

当风暴云遇到干冷的气流时，就停止上升和伸展。云层中含有大量的冰水混合物。

强大的引力将外层的云吸入气流中。

在美国俄克拉荷马州阿得莫尔市曾经发生过这样一件怪事：两匹马拉着一辆大车在路上行走，车夫坐在车上，由于天气闷热，他打起了瞌睡，突然一声巨响把他惊醒。睁眼一看，两匹马和一根车辕都已经无影无踪了，而自己和车子却是安然无恙。

俄克拉荷马州的一对夫妇也遭到过这种厄运。在1950年的一个晴朗的夏日，他们躺在床上休息。一声刺耳的巨响将他们惊醒，他们俩起来看一看什么也没有发现，以为这声音是梦中听到的，于是重新又躺了下来。但是，他们忽然发现他们的床已被弄到荒无人烟的旷野，周围没有房子，没有任何建筑物，也没有牲畜。只有一只椅子还留在他们的旁边，折叠好的衣服仍好端端地摆在上面！据说这件怪事的罪魁祸首是龙卷风。

龙卷风是云层底部下垂的漏斗状的云柱及其伴随的非常强烈的旋风。文献上记载的下降银币雨、青蛙雨、黄豆雨、铁雨、虾雨，还有血淋淋的牛头从天而降等现象，都是龙卷风把地面或水中的物体吸上天空，带到远处，随雨降落造成的。龙卷风中心气压极低，中心附近气压梯度极大，产生强大的吮吸作用。当漏斗伸到陆地表面时，把大量沙尘等物质吸到空中，形成尘柱，称陆龙卷；当漏斗伸到海面时，便吸起高大的水柱，称水龙卷或海龙卷。龙卷的袭击突然而猛烈，产生的风是地面上最强的。

● 当雷暴云形成并迅速释放出巨大的能量时，就会产生破坏力巨大的龙卷风，将海水抛向高空，同时伴随着强烈的闪电。

在强烈龙卷风的袭击下，房子屋顶会像滑翔翼般飞起来。一旦屋顶被卷走后，房子的其他部分也会跟着崩解。龙卷风的强大气流还能把上万吨的整节大车厢卷入空中，把上千吨的轮船由海面抛到岸上。在美国，龙卷风每年造成的死亡人数仅次于雷电。它对建筑的破坏也相当严重，经常是毁灭性的。1925年3月18日一次有名的"三州旋风"遍及美国密苏里、伊利诺伊和印第安那三个州，损失达4000万美元，死亡695人，重伤2027人；1967年3月26日上海地区出现的一次强龙卷，毁坏房屋1万多间，拔起或扭折22座抗风力为12级大风两倍的高压电线铁塔；1970年5月27日一个龙卷风在湖南形成后经过沣水，在沣水的江心卷起的水柱有30米高、几十平方米大，河底的水都被吸干了。

龙卷风在世界各地都曾出现过，中国龙卷风不多见，而在美国、英国、新西兰、澳大利亚、意大利、日本出现的次数却很多。龙卷风在美国又叫旋风，是常见的自然现象。1879年5月30日下午四时，在堪萨斯州北方的上空有两块又黑又浓的乌云合并在一起，15分钟后在云层下端产生了旋涡。旋涡迅速增长，变成一根顶天立地的巨大风柱，在三个小时内像一条孽龙似的在整个州内胡作非为，所到之处无一幸免。龙卷风旋涡竟然将一座新造的75米长的铁路桥从石桥墩上"拔"起，把它扭了几扭然后抛到水中。事后专家们认为，这次龙卷风旋涡壁气流的速度已高于音速，其威力巨大。

把高于音速的龙卷风比喻为一个魔术师一点也不为过。1896年，美国圣路易市发生过一次旋风，使一根松树棍竟轻易穿透了一块一厘米左右的

龙卷风的漏斗从风暴云的顶端逐渐下降到达地面。

◉ 可怕的龙卷风
龙卷风的漏斗状空气旋转的时速可以达到500千米，这个毁灭性的旋涡通常有2千米宽，陆地表面的沙尘和物体被卷离地面后，或者抛在一边，或者随着旋涡旋转，直到风力停息，它们才落到数百千米以外的地面上。

旋转上升的柱状云

龙卷风以400千米/小时的速度卷起这辆卡车并将它猛甩出去，揉成一堆废铁后扬长而去。

当旋风经过地面时，扬起大量的灰尘和瓦砾。

正在旋转的旋涡

龙卷风的生成与消失

一个龙卷风漏斗在雷雨云的下部产生。

因为吸入了大量杂物，龙卷风的颜色变暗。

1 云墙
这组图片清楚地展示了龙卷风形成的过程。龙卷风漏斗从雷雨云上降下，在其中心低压区，空气中的水分凝结成一个云柱。

2 低压漏斗接触地面
龙卷风经过了满是尘土的农场，当龙卷风的底部接触到地面时，漏斗变成几部分，因为旋风和上升的气流带起大量灰尘，龙卷风底部四周变得昏暗不清。

龙卷风的力量逐渐消失，漏斗也变小。

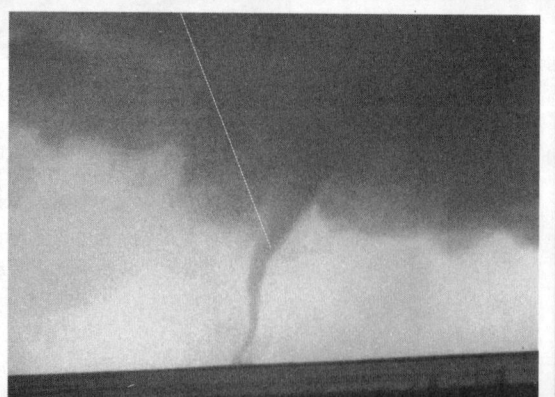

3 逐渐消失
因为龙卷风强大的吸力，许多物体被抛到了天空中，当龙卷风的力量消失时，这些东西渐渐落回地面上。最终龙卷风会收缩，回到产生它的雷雨云中。

钢板。在美国明尼苏达州，1919年也发生了一次旋风，使一根细草茎刺穿一块厚木板，而一片三叶草的叶子竟像模子一样，被深深嵌入了泥墙中。更让人不解的是一次龙卷风将坐在家中的一对夫妇和他们的大儿子和小儿子吹到一条沟里，而她的次子则被刮走不见影踪，直到第二天才在另一个市被找到。尽管他吓得魂不附体，但丝毫未受损伤。令人奇怪的是，他不是顺着风向被吹走的，而是逆着风被吹到那个市的。

尽管人们早就知道龙卷风是在很强的热力不稳定的大气中形成的，但对它形成的物理机制，至今仍没有确切的了解。有的学者提出了内引力——热过程的龙卷成因新理论，可是用它也无法解说冬季和夜间没有强对流或雷电云时发生的龙卷风。龙卷风有时席卷一切，而有时在它的中心范围内的东西却完好无损；有时它可将一匹骏马吹到数千米以外，而有时却只吹断一棵树干；有时把一只鸡的一侧鸡毛拔完，而另一侧鸡毛却完好无缺，龙卷风造成的这些奇怪现象的原因至今神秘莫测。

龙卷风的风速究竟有多大？没有人真正知道，因为龙卷风发生至消散的时间短，只有几分钟，最多几个小时。作用面积很小，一般直径只有25～100米，在极少数的情况下直径才达到1000米以上，以至于现有的探测仪器没有足够的灵敏度来对龙卷风进行准确的观测。相对来说，多普勒雷达是比较有效和常用的一种观测仪器。多普勒雷达对准龙卷风发出微波束，微波信号被龙卷风中的碎屑和雨点反射后重被雷达接收。如果龙卷风远离雷达而去，反射回的微波信号频率将向低频方向移动；反之，如

◉ **龙卷风过境**
当龙卷风将旋转的气柱伸向地面，它中心的气压比正常大气压低几百毫帕，当气旋靠近建筑物时，建筑物内的空气向低气压区突然冲出，引起猛烈的爆炸。此图反映了美国佛罗里达州的一小城镇在龙卷风过后的狼藉景象。

果龙卷风越来越接近雷达，则反射回的信号将向高频方向移动。这种现象被称为多普勒频移。接收到信号后，雷达操作人员就可以通过分析频移数据，计算出龙卷风的速度和移动方向。为了制服龙卷风，预测龙卷风，人们正努力探索龙卷风形成的规律，以解开这个自然之谜。

在空中飘荡的幽灵

烈日炎炎的沙漠经过"怪风"的袭击出现了银装素裹的奇景。

风是一种常见的自然现象，但是，大自然也造出了许多怪风，它就像在空中飘荡的幽灵，给人类的生产、生活带来了危害。

有一句俗语——"清明前后刮'鬼风'"，这种所谓的"鬼风"能转着圈跟着人走。世界上当然是没有鬼的，这种风其实是一种尘卷风，它一旦遇到障碍物，便会改变前进的方向，在一个地方打转，有时它还挟带着泥沙、纸屑旋转上升。

有一种叫"焚风"的风可以把东西点燃，在干燥季节能使树叶、杂草等着火，引起火灾；冬季，这种风可以使积雪在很短时间里融化，造成雪崩。焚风最早是指气流越过阿尔卑斯山后在德国、奥地利和瑞士山谷的一种热而干燥的风。实际上在世界其他地区也有焚风，如北美的落基山、中亚西亚山地、高加索山、中国新疆吐鲁番盆地。这种风主要是因为受到山脉阻挡时沿着山坡上升而形成的。一般来说，空气流动遇山受阻时会出现爬坡或绕流。气流在迎风坡上升时，温度会随之降低。空气上升到一定高度时，水汽遇冷出现凝结，以雨雪形式降落。空气到达山脊附近后，变得干燥，然后在背风坡一侧顺坡下降，并以干绝热率增温。因此，空气沿着高山峻岭沉降到山麓的时候，气温常有大幅度的升高，从而形成焚风。焚风常造成农作物和林木干枯，也易引起森林火灾，遇特定地形，还会引起局地风灾，造成人员伤亡和经济损失。阿尔卑斯山脉在刮焚风的日子里，白天温度可突然升高20℃以上，初春的天气可变得像盛夏一样，不仅热，而且十分干燥，经常发生火灾。2002年11月14日夜间，时速高达每小时160千米的焚风风暴开始袭击奥地利西部和南部部分地区，数百栋民房屋顶被风刮跑，300公顷森林的大树被连根拔起或折断。风暴还造成一些地区电力供应和电话通讯中断，公路铁路交通受阻。

在怪风家族里，不仅有可以点燃东西的焚风，还有无比寒冷的布拉风。约100年前，俄国黑海舰

台风是一种形成于热带海洋上的风暴，对人类危害极大。

队的四艘舰艇停在海岸边,忽然刮来一阵狂风,卷起千层巨浪,刹那间船被冻成了一座冰山,最后全部沉没。布拉风是一种具有飓风力量的极冷的风,有时会整个昼夜吹个不停。2002年12月,海测艇和辅助船"北冰圈"号由于没有及时进入公海,被布拉风吹得冰冻起来并沉入海底。人们经过研究发现,这种可怕的风是因为陆地上空控制的冷空气团和不断上升的海上热空气之间的气压差而形成的。这种风的风力可以达到12级,甚至超过12级。它发出的巨大响声,具有极强的摧毁力与破坏力,在这种风的袭击下,一切事物都可被摧毁。

◎ 台风的风力一般在8级以上,常与狂风、暴雨、惊涛骇浪一起产生,对陆地的影响在沿海1000千米左右。

上面说的这些风虽然很奇怪,但要说对人类危害最大的还得算台风。

台风是一种形成于热带海洋上的风暴,太阳的照射使海面上的空气急剧变热、上升,冷空气从四面八方迅速赶拢来,热空气不断上升,直到到达高空变为冷空气为止。这些热空气冷凝后,立即变为暴雨,四面八方冲来的冷空气夹着狂风暴雨形成了一个大漩涡,从而形成台风。台风对人类危害极大,它有时会把大树连根拔起,会把房顶掀掉,伴随狂风而来的瓢泼大雨还会淹没庄稼、中断交通。海面上,台风的破坏力更是惊人,它掀起滔天巨浪,威胁着海上作业人员和海上航行的船只的安全。如果台风在空中产生带有垂直转轴的旋涡,就会形成龙卷风,这是一种强烈的小范围旋风,其破坏力远远大于台风。上海浦东地区曾受到过龙卷风的袭击,那场风把一只11万吨重的储油罐轻而易举地抛到120米以外。

台风理所当然是一种恐怖的怪风,然而怪风家族里的一些"微风"也具有一定的破坏力。

一个晴朗的夏夜,一座70米高的铁塔在一声巨响中全部倒塌了。当时除了阵阵微风外,没有任何异常情况,当时人们不知道铁塔为何而塌。后来,人们才发现当气流贴着物体流动时,会形成一个个小旋涡,这旋涡会产生一种使物体左右摇摆的力,从而危及建筑物。建筑物的设计师们只注意到大风,却没有注意到这种微风的破坏力,前边讲的那座铁塔就是被这微风吹倒的。

怪风虽怪,但如果我们巧妙地加以利用,有些怪风也可以为人类造福。比如,人们利用"钦罗克"风带来的热量,在经常出现"钦罗克"风的地方种植一些作物和果树,便可利用"钦罗克"风带来的热量来促进植物的生长,从而使当地也可种植一些原本要栽在南方的植物。同时,作物和水果的品质也得到了改善。只要我们能够认识它们,就一定会找到办法兴利避害,让怪风为人类服务。

神奇的极光

那是在1950年的一个夜晚，淡红和淡绿色的光弧在北方的夜空上闪耀，所有见过那晚北极光的人至今都能回想起当时的盛况。它时而像在空中舞动的彩带，时而像在空中燃烧的火焰，时而像悬在天边的巨伞。它绚丽多姿，不断变幻着自己的形状，一会儿红，一会儿蓝，一会儿绿，一会儿紫，就这样轻盈地在夜空中飘荡了好几个小时。

而这一美丽的奇景也曾在中国的黑龙江漠河、呼玛一带出现过。1957年3月2日夜晚7点左右，忽然一团灿烂的红霞腾起，瞬间化为一条弧形光带，停留在夜空中长达45分钟之久。同年，中国北纬40度以北的广大地区也出现了同样的现象。其实，北极光是非常罕见的自然现象，中国历史上记载的极光现象，公元前30年～公元1975年只有53次。

1960年，在俄罗斯的彼得格勒也出现过罕见的北极光。那晚，北极光异常强烈，光弧发出白、红、绿的光辉，升上高空，越来越耀眼，直上万里。

在极光刚开始出现在夜空时，人们先是看到一条中等亮度的均匀的光弧以直线或稍弯曲的形状横过天空伸展开去（长度几百千米，甚至几千千米，宽十多千米或几十千米）。光弧的上端一般离地950千米左右，而下端则是离地100千米左右。它往返扫动的速度达每秒几十千米，只需几分钟其高度就可以

◎ 瑞典北极圈内地区，冬夜永无黎明，北极光很像温暖的火焰，照亮了黑暗。

增加到1000倍。

1988年8月25日21时，在中国黑龙江省漠河县、呼中区、新林区又出现了极光。刚开始时，突然在地平线上出现了一个亮点。而后紧接着，它沿着W形的曲线以近似螺旋的轨迹上升。亮点在不断地升高、移动，面积也在不断地扩大，而亮点的尾部留下了像火烧云似的美丽的光带。在这时亮点开始出现了一个淡蓝色的圆底盘，接着，圆底盘从淡蓝色变成了乳白色。亮点射下一束扇状的光面，闪了几下便消失了。正在这个时候，西方低空中的光带向上扩展所形成的淡蓝色的云团就像一个倒放着的烟斗。这条橙黄色带和淡蓝色的云团持续了40分钟左右才逐渐消失。

然而，这绚丽壮观的极光却有极强的破坏力。极光给通讯、交通都会带来严重的影响，它能骚扰电离层，影响短波无线电信号的传播。在极光强烈活动的影响下，美国远在阿拉斯加的出租车司机竟然可以收到来自本土东部的新泽西州调度员的命令。极光的不断变化也可能会使电话线、输油管道和输电线等细长的导体中产生感应电流，使输油

◉ 出现在瑞典基鲁那市上空的极光

管道被严重腐蚀。1972年，在美国的缅因州至得克萨斯州的一条高压输电线跳闸，加拿大哥伦比亚的一台23万伏变压器被炸毁，这一切突发事件的"主谋罪犯"就是奇特而瑰丽的极光。千百年来，人们一直在研究、寻找极光形成的真正原因。很早以前就有人观察到了这一大奇景，可对于它的"横空出世"，至今还是没有人能够用科学的说法给以完整的解释。

在古代，极光被爱斯基摩人误认为是火炬；而又有一些人把极光描绘成上帝神灵点的灯，鬼神用它引导死者的灵魂上天堂；而在罗马，极光被说成是黎明女神奥罗拉在夜空中翩翩飞舞，迎接黎明的到来。

前苏联科学家罗蒙诺索夫曾经做过这样一个实验：在一个接近真空的球的内部制造人工放电现象。结果在空气极其稀薄的玻璃球内，随着放电，不断发现闪光。他得出结论：极光是空气稀薄的高空大气层里的大气放电所造成的。后来，这个实验被不断地重复验证，结果是完全相同的，极光是一种放电现象的观点得到证实。但极光仍然有很多谜，比如，高空空气发光是怎样引起的？为什么极光就像万花筒一样可以变幻成千奇百怪的形状，并且在不断变化中从来都是不相同的？极光为什么多发生在两极？

后来科学研究证实，极光的产生来源于太阳的活动。太阳不断放出光和热，它的表面和内部都在不断地进行着各种各样的化学元素的核反应，产生出强大的内含大量带电粒子的带电微粒流；这些带电微粒射向空间，会和地球外80～120千米高空的稀薄气体的分子发生碰撞，由于这个速度太快，因而就会发出光来。太阳活动高潮的周期性大约是11年1次。在高潮期，太阳黑子会呈旋涡状出现，且很大很多。这时的极光因为太阳异常也会比平时更瑰奇壮丽。由此可看出，太阳活动控制着极光活动的频率。有人发现，当一个"大黑子"出现在太阳中心的子午线时，在20～40小时后，极光就会在地球上露脸。因此，是太阳发出的电造就了极光。

极光现象为什么只出现在南北两极呢？因为地球就像是一个以南北两极为地磁两极的大磁石，而从太阳处来的粒子流就是指南针，它飞向两极的运动方式是螺旋形的。事实上，磁极不能控制所有的带电粒子流，在太阳非常强烈地喷发带电粒子流的年份里，人们也能在两极地区以外的一些地方观察到极光。不同气体可分成如氧、氮、氯、氖等，所以空气成分非

● 北极光的蓝绿光线，划破了加拿大育空省怀特豪斯的10月夜空，给泊在干船坞里的一艘古老轮船，添上了一点节日气氛。

常复杂，而这些成分在带电微粒流的作用下，产生不同色彩的光，所以极光才能如此美丽多姿。

有人从地球磁层的角度去研究极光。地球磁层把地球紧紧包住，就如同地球的"保护网"，使地球不受很大的太阳风辐射粒子的侵袭。可是这张"保护网"在南北极上空就不如别的地方密实，这里有许多大的"间隙"，因此一部分太阳风辐射粒子就乘机进入地球磁层。这一点从卫星上看得分外清楚：当太阳耀斑开始爆发时，有些电子就加速沿磁力线从极区进入地球大气层。这就在两极上空形成一个恒定的环形光晕，即极光椭圆环。极光都有圆环并不是一成不变的，其大、小、亮、暗都随着带电粒子的涌入量而变化。由于南北极上空有那些"间隙"，所以极光只出现在两极地区的上空。

现在还有一个疑问是，太阳风进入星际空间的行动是连续的，太阳风会进入地球极区"通道"，但为什么南、北极的极光并不是时刻可见呢？难道说太阳风所经过的那些"间隙"中还设有"关卡"吗？关于这一点，有一个很合理的假设：太阳风带电粒子进入这些"间隙"后，并不是一下子就爆发的。地球磁力线有一种能力，可以把这些带电粒子先藏起来，只有在一些特定因素如太阳黑子强烈活动的影响下，地球磁力线才把带电粒子放出来，于是就有了极光。

可是，这些假设都不能解释地面附近出现的极光现象。有人说这些地面极光是地面附近的静电放电所致，因此，极光会出现在离地面4～10英尺的地方。

又因为许多彗星明亮的尾巴与极光有很多相似的地方，这使人很自然地将这两种现象联系起来。除此之外，还有很多观点，这里就不一一列举了。尽管极光之谜还没有完

● 两条北极光在太阳黑子极活跃时期，照亮阿拉斯加。

全揭开，但人类已初步了解了它的许多方面。科学家们对太阳风的研究监测还在紧张地进行，他们希望通过观察确定太阳风的各种参数是如何变化的。

"温室效应"的争议

近年来，全球气候逐渐变暖，科学家们根据长期观测得到的大量数据分析指出，全球气候在20世纪明显变暖，跟20世纪初相比，现在的平均气温上升了0.5℃，这种温暖期是过去600年里从未有过的。

全球气候在整个20世纪确实一直在变暖，但气候变暖是不是因为"温室效应"呢？会不会持续变暖呢？对此，众说纷纭。

有些科学家认为20世纪气候变暖是"小冰期"气温回升的延续，是自然演变的结果，跟"温室效应"无关。在地球存在的45亿年中，气候始终在变化，并且是以不同尺度和周期冷暖交替变化的，也就是说，20世纪气候变暖是正常的自然现象，人们不必恐慌，到了一定的时期气温自然会变冷。科学家经研究发现：第四纪也就是距今250万年前，地球上出现了多个不同尺度的冷暖变化。周期越长，气温变幅也越大。周期为10万年左右的冰期，气温变化了10℃；周期为2万年的，气温仅变化了5℃。在近1万年中，这个规律依然在起作用：10年尺度气候变化的变幅是0.3℃～0.5℃；100年尺度气候变化的变幅为1℃～1.5℃；1000年尺度气候变化的变幅为2℃～3℃。

但还有些人反对以上观点，他们认为，全球气候变暖是因为"温室效应"，而人类是造成"温室效应"的罪魁祸首。近几十年来，发展迅速的工业制造业以及日益增多的汽车等，导致燃烧矿物燃料越来越多，人类向空气中排放的二氧化碳大大增加。加上绿色植物尤其是森林遭到了极大破坏，无法大量吸收人类排出的二氧化碳，因此，大气层中的二氧化碳浓度大大增加，阻碍了大气和地面的热交换，引发"温室效应"。大量的二氧化碳既能吸收热量，又阻止了地球散热，地球热交换因此失去了平衡，导致全球气温不

🌀 湿地是野生生物，特别是昆虫、鱼类、鸟类最佳的生存环境，但是全球气候变暖已经严重威胁着湿地的生态环境。

断升高。一个权威性的政府组织IPCC对全球气候变暖的问题进行了大量详尽的研究，他们明确指出了大气中二氧化碳含量的增加是全球变暖的主要原因。IPCC的科学家们利用电脑收集了大量的技术发展预测、人口增长预测、经济增长预测等相关资料，再根据对未来100年里排放到大气中的二氧化碳数量的35种估计值，做出了7种不同模型来预测全球气候，最终的结论是气温在未来100年可能增加$1.4℃\sim5.8℃$。如果这种预测变成现实，地球将会发生一场大灾难。农业将遭到毁灭性打击；海平面将上升，淹没更多陆地，并导致淡水危机；各种自然灾害将轮番发生，生态平衡将遭到破坏。据英国《观察家报》2004年1月11日报道，由多国科学家组成的国际研究小组在最新一期英国《自然》杂志上发表研究报告称，全球变暖将导致世界上1/4的陆地动植物、即100多万个物种将在未来50年之内灭绝，这必将对人类的生存造成灾难性的影响。为此，英国多位著名气候专家在剑桥大学召开会议，商讨防止地球继续变暖的办法。

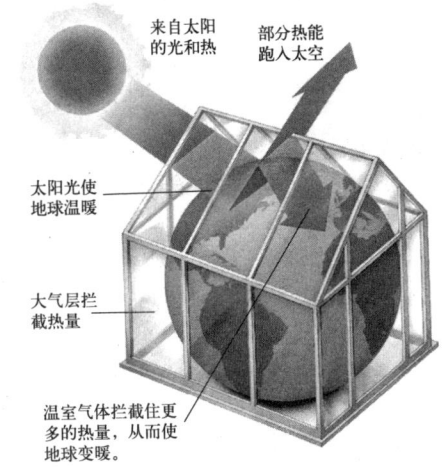

● 大气中的二氧化碳或其他气体所起的作用像温室的玻璃一样，它允许太阳光照射进来，却把热量挡住，不让它以辐射的形式跑向大气层。

尽管"温室效应"论十分盛行，但也有不同的声音。不少科学家认为目前地球正朝低温湿润化方向发展。他们认为，尽管20世纪的气温总体上呈上升趋势，但二氧化碳浓度变化与气温曲线变化并非完全一致，20世纪的40~80年代，有过降温的过程。这种看法也不无道理，他们从两个方面提出证据支持自己的观点。

首先，他们认为，气候变化受地球自身反馈机制的影响。一方面，由于大气与海水间存在着热交换，气温升高时，热交换增强，海水吸收热量升温后，对二氧化碳的溶解度也会增加。不仅如此，气温的升高还会增加地球上的生物总量，寒冷地带由于变热，生长在那里的植物生长期变长，植物带也在高温的作用下移向高纬度的地方，二氧化碳被森林吸收后，要经过更长的时间才能回到大气层。另一方面，由于空气极度湿润，植物残体在这种情况下不能充分分解，以泥炭的形式储存到地壳，这正是碳元素从生物圈到地圈的转化过程。

其次，气温上升过程中产生的水蒸气也能起到一定程度的缓解作用。气温升高导致蒸发加剧，大气含水量增加，形成一些云，大量的太阳辐射会被这些云反射、散射掉，从而缓解气温的上升。

气象系统是十分复杂的，无论地球变暖是否因为"温室效应"，我们都应该加以关注。相信总有一天我们会弄明白地球变暖的来龙去脉，从而改善环境，造福人类。

撒旦的诅咒
——厄尔尼诺

● 气象卫星

近些年,每当人们讨论气候和自然灾害的时候,往往会提到这样一个名词:厄尔尼诺。在各种媒体上,它的出现频率也非常高。在懂和不懂它的含义的人们眼里,厄尔尼诺显然已成了"灾星"的代名词。

厄尔尼诺是南美洲秘鲁渔民最早对影响当地鱼流的秘鲁近海暖洋流的通俗叫法,在西班牙语中是"圣婴"(上帝之子)的意思,指的是圣诞节前后发生在南美洲的秘鲁和厄尔尼诺附近,即赤道太平洋东部和中部海水大范围持续异常偏暖现象。厄尔尼现象不仅扰乱秘鲁渔民的正常渔业生产,引起当地气候反常,而且在厄尔尼诺现象强烈的年份,还会给全球气候带来重大影响。主要表现在:从北半球到南半球,从非洲到拉美,气候变得异常,该凉爽的地方骄阳似火,温暖如春的季节突然下起大雪,雨季到来却迟迟滴雨不下,正值旱季却洪水泛滥……据记载,从1950年以来,世界上共发生13次厄尔尼诺现象,其中1997年发生的并且持续至今的一次最为严重。

现在,对厄尔尼诺已有了一个基本一致的定义,用一句话来说:厄尔尼诺是热带大气和海洋相互作用的产物,它原是指赤道海面的一种异常增温,现在其定义为在全球范围内,海气相互作用下造成的气候异常。它表示一系列的海-气反常现象,主要有以下几方面:(1)东太平洋赤道以南海域冷水区的消失;(2)太平洋赤道地区东南信风的消失;(3)西太平洋赤道地区的热水向东部扩散;(4)由上述三种现象引起的一系列气候反常。据专家统计,厄尔尼诺大约

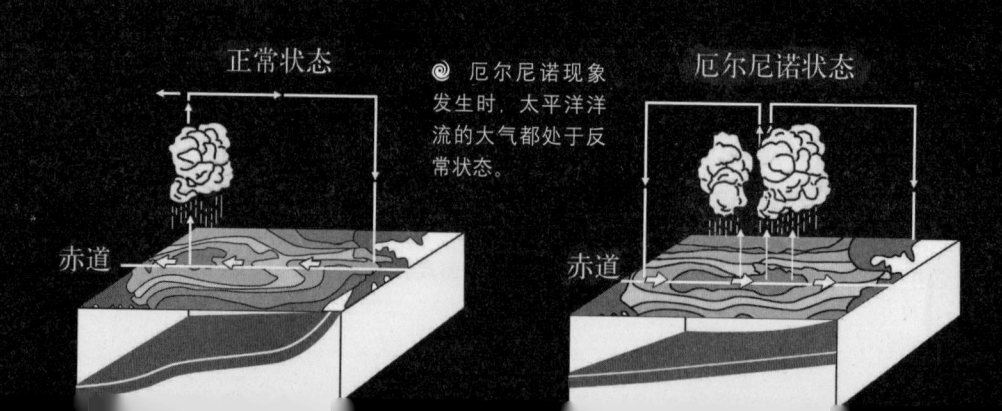

● 厄尔尼诺现象发生时,太平洋洋流的大气都处于反常状态。

每过2～7年出现一次，但却没有一定的周期性，每次发生的强度不尽相同（即表层海温的异常程度不同），持续时间也有差别，短的半年，长的持续一年以上。

但到目前为止，科学家们依然没弄清厄尔尼诺现象发生的原因。

有一种观点目前较为盛行，这就是大气因子论。这种观点认为，赤道太平洋受信风影响，形成了海温和水位西高东低的形势。与此同时，在赤道太平洋西侧的上升气流和东侧的下沉气流的影响下，信风会加强；一旦信风减弱，太平洋西侧的海水就会回流东方，赤道东段和中段太平洋的海温因此会异常升高，从而导致厄尔尼诺现象的发生。

气象学家已证实，厄尔尼诺确实会引发世界上一些地区气候异常及气象灾害，如干旱、洪涝、沙尘暴、森林大火等。因为海洋在厄尔尼诺的影响下，表面温度上升3℃～6℃，导致地球大气的正常环流受到干扰。结果全球气候都因此变得异常，自然灾害迭起，并最终影响地球陆地生态系统。

随着科技的发展和科学家经验的积累，在过去的几十年中，对厄尔尼诺的研究工作已取得较大进展。

1997年9月，科学家们利用气象监测卫星收集到了大量数据，并据此得到了一张图片。他们发现了一块水域，其水面要高出正常情况33厘米，这是因为肆虐的贸易风推动了温暖的热带海水。它表明，一次剧烈的厄尔尼诺现象正在进行中。果然，在随后的几个月中，该水域对气候的影响像预测的那样，逐渐显露出来，全球地区几乎无一幸免。

今天，天文学观测手段和计算机技术越来越先进，厄尔尼诺现象也已越来越被人们所了解，但依然有很多未解之谜需要我们继续探索研究。

◉ 厄尔尼诺现象引起的洪涝灾害令印度尼西亚许多居民无家可归。

◉ 1960年9月1日，飓风吹袭了美国佛罗里达州海面一个低洼的礁岛，岛上的许多棕榈树被折断，旁边的一家小旅馆也变成了一片瓦砾。

海市蜃楼

19世纪时，欧洲的许多探险队进入非洲撒哈拉大沙漠进行探险。探险队进入沙漠后，所携带的饮用水一天比一天少。有一天，他们忽然发现在前方不远的地方有一个很大的湖泊，湖水在刺眼的烈日照耀下波光粼粼，湖边还映着大树的倒影。探险队员看到这一幅景象，喜出望外，欢呼雀跃地拿着水桶兴奋地向湖边跑去。但跑了很久，也未能靠近那片湖泊。

英国探险家李温士敦在非洲卡拉哈里沙漠旅行时也曾被这种现象欺骗过。当时，他正在沙漠中行走，忽然发现前面出现一个湖泊，干渴难忍的他于是朝湖的方向奔去，结果可想而知，他根本无法接近那片湖泊。

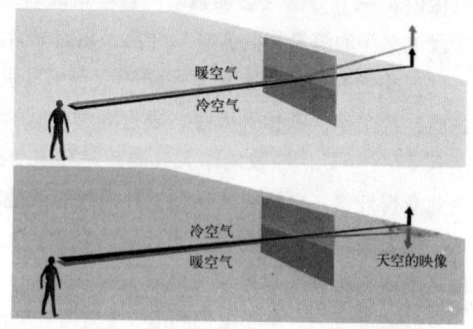

● 暖空气层在上，冷空气层在下时，蜃景出现在真实物体上方（蓝）；如果冷暖空气层位置对换，倒像出现在下方，天空的反光看上去像水。

20世纪80年代人们在叙利亚沙漠地区还见到更奇怪的景观。当时，雨季刚过，夏季即将来临。火红的太阳还悬在天空中，乌云飘过后，天空洒下一阵急雨。这时在天际突然出现一弯彩虹，与虹影相辉映的是，在它下面隐现出一座市镇，蓝色的湖水、绿色的树木、白色的房屋。这些奇景是怎么回事呢？

古代人将这些奇异的现象称为"海市蜃楼"。传说蜃是一种会吐一股股气柱的蛟龙，它吐出的气柱仿佛海上"城市"中的幢幢楼台亭阁，远远看去，若有若无。

其实，海市蜃楼是光在密度分布不均匀的空气中传播时发生全反射而产生的。在沙漠中，由于强烈的太阳光照射在沙地上，接近地面的空气被迅速加热，因此其密度比上层空气的密度小，折射率也就小。从远处物体射向地面的光线，进入折射率小的热空气层时被折射，入射角逐渐增大，也可能发生

全反射，人们逆着反射光线看去，就会看到远处物体的倒影，仿佛是从水面反射出来一样。沙漠中的行者就常常被这种景象所迷惑。

◎ 在戈壁沙漠出现的海市蜃楼景象
画面上方像是一个大湖，事实上"湖水"只是天空的影像。

在海面上也会出现这样的奇景。夏季，海上的上层空气在阳光的强烈照射下，空气密度小，而贴近海面的空气受较冷的海水影响变得较冷，空气密度大，就出现下层空气凉而密，上层空气暖而稀的差异。从两层密度悬殊的空气穿越而过的光线由于短距离内温度相差7℃~8℃时，在平直的海面上或海岸，就会出现风景、岛屿、人群和帆船等平时难得一见的奇景。这是为什么呢？其实，岛屿等虽然位于地平线下，但岛屿等反射出来的光线会在密度大的气层射向密度稀的气层时发生全反射，又折回到下层密度大的空气层中来。上层密度小的空气层会使远处的物体形象经过折射后投进人们的眼中，而人的视觉总是感到物像是来自直线方向的，从而出现"海市蜃楼"的奇景。

蜃景与地理位置、地球物理条件以及那些地方在特定时间的气象特点有密切联系，不仅能在海上、沙漠中产生，柏油马路上偶尔也会看到。柏油马路因路面颜色深，夏天在灼热阳光下吸收能力强，同样会在路面上空形成上层的空气冷、密度大，而下层空气热、密度小的分布特征，所以也会形成蜃景。

对于这种奇异的景象，长久以来，人们迷惑不解，以致闹出了不少笑话。

1798年，拿破仑率领大军攻打埃及，军队在沙漠中行进时，茫茫沙漠中突然出现一个大湖，顷刻间又消失了。不久又出现一片棕榈树林，转眼间又变成荒草的叶子。士兵们被弄糊涂了，以为世界末日来临，纷纷跪下祈求上帝来拯救自己。

第一次世界大战时，在一次会战中，德军潜艇已达美国东海岸之外，从潜望镜内向海上窥探的艇长却惊讶地发现纽约市就在自己头上，他以为自己指挥的潜艇跑错航线，进入美国海域，赶紧下令撤退。

◎ 出现在南极的海市蜃楼景象
在这个海市蜃楼里，下边的山是真山，上边的是幻像。寒冷空气形成的海市蜃楼都是正像，出现在物体上方，沙漠里的海市蜃楼，都是倒像，出现在物体下方。

沙子会唱歌?

你听过沙子唱歌吗?鸣沙山的沙子就会唱歌。

世界上已发现了一百多处会"唱歌"的沙丘,这些沙丘大多集中在美洲,如美国的马萨诸塞湾、长岛、威尔斯西岸,巴西里约热内卢附近的索西哥,智利的科帕坡谷,此外还有丹麦的波恩贺尔姆岛,苏格兰的爱格岛,阿拉伯半岛,波兰的科尔堡等。人在这些地方的沙漠或沙滩上行走,都能听到奇妙的"歌声"。

不仅沙漠里的沙丘会"唱歌",而且有些海边和湖边的沙滩也会"唱歌"。例如,在日本京都府北面丹后半岛海滨浴场上,就有两个分别名为"琴引滨"和"击鼓滨"的沙滩。琴引滨因人们脚踏沙滩时,会发出悦耳的琴声而得名;而击鼓滨则因当人脚踏沙滩时,会发出"咚咚"的鼓声而得名。这两个会唱歌的沙滩有一个共同的特点,即春天歌声悦耳,夏天则变成微弱的低音。

早在2000多年前就已经有有关鸣沙的记载,早的见于中国的《史记》,阿拉伯的《一千零一夜》。意大利探险家马可波罗在著作中也曾提到过中国西部和中亚地区沙漠中的轰鸣沙,他在路过此处时就"时常听到空中回荡着各种乐器奏出的音乐,击鼓声和臂膊撞击声"。1889年,查尔斯·达尔文在他的经典著作《小猎犬号航行》中,提到31处沙丘中有轰鸣沙,它们分布在南北美洲、非洲、亚洲、阿拉伯半岛和夏威夷列岛。因为神秘,响沙也曾出现在一些小说中。鸣沙现象早有记载,但是直到20世纪40年代,才开始展开对这一奇特现象大规模地细致研究。

鸣沙是一些特别的沙子,在许多有沙子的河滩、湖畔、海滩、沙漠上都曾发现过。一般按发声不同而将鸣沙分为两大类:一类是声音较小的"哨沙",也称"音乐沙"、"犬吠沙"或"歌唱沙",哨沙在剪切移动或压缩时会发出短促和高频的声音,持续时间一般不到1/4秒钟;另一类则发生在规模较大沙漠地带的沙丘上,叫作"轰鸣沙",声音大而

● 夏威夷鸣沙样本,这些形状各异的沙粒可以发出奇异的声音。

人在鸣沙上行走，脚会深陷松散的沙中。数以百万计的沙粒表面非常光滑，形成一阵连续的振动，发出悠长的声音，如音乐一般。

低沉，持续时间也较长。有人研究发现，与无声的同类相比，鸣沙有着不同寻常的规则的表面，它的凹陷和凸起的部分相差仅在千分之几毫米，但是它的表面也不是完全光滑的。鸣沙的湿度通常很低，超过这个湿度，沙粒就会结得紧密，沙丘奏鸣曲也就会变成寂静音乐会了。

有的科学家提出，沙丘会"唱歌"与天然的"共鸣箱"有关，在响沙的背风坡脚下，一般分布有地下水，在地下会由于气候干燥，蒸发旺盛而形成一堵无形的蒸气墙冷气流；而在背风坡向阳的山脊线上却形成一个热气层，两者共同组成了"共鸣箱"。沙丘被风吹动或被人畜搅动后产生各种不同的声音频率，这种频率在"共鸣箱"引起共鸣后，使得沙丘的声音变大，同时在"共鸣箱"的作用下，这个声音的音量互相递加，及至发出轰响。现在，宁夏中卫响沙周围绿化造林改变了大气环境，从而影响到沙粒声的频率，破坏了"共鸣箱"的结构，因此，那儿的鸣沙已经很久不唱歌了。

还有人提出静电发声说，鸣沙山沙粒在人力或风力的推动下向下流泻，含有石英晶体的沙粒互相摩擦产生静电，静电放电即发出声响，响声汇集，声大如雷。

此外，沙子唱歌还可能与空气的湿度有关。例如夏威夷群岛考爱岛南岸有一座高18米、长800米的大沙丘，一旦人在沙丘上走动，或把沙子放在手掌中猛搓，都能听到沙丘发出"汪汪"声。人在沙丘顶跑步，则能听到沙丘发出闷雷般的声音，天气越干燥，雷声越大。科学家认为这声音大多形成于雨后，因为沙丘表层干燥，下部湿沙在蒸发过程中形成一层薄薄的空气膜，空气膜因受到震动，从而发出声音。

对于沙子为何会唱歌有着种种解释，但至今仍没有定论，还有待科学家进一步研究。

失落的大西洲
百慕大之谜
美丽的
世界上最大的海底溶洞

深海海沟中的秘密

长期以来，由于技术水平的限制，人们对大海的深处知之甚少，总以为大海的底部是平坦的，后来人们才发现海洋的底部与大陆一样，有宽广的海底"平原"和"高原"，也有纵横相交的海底山脉，甚至还有深达万米的海沟。

海沟被称作"倒过来的山脉"，是海洋底部最深凹的地方，它是一种地质形态构造。深海沟大多位于大洋的边缘，是大陆与海洋过渡的最外边的一种地质构造单元，它具有特殊的形状（代表大陆、大洋两种不同地壳的接缝）和极大的深度（约为6000～10000米），比一般洋底要深3000～5000米。

近年来，科学家们对海沟地形做了大量勘测，对大量勘测结果进行分析后他们发现：世界大洋中深度超过7000米的海沟有19条分布在太平洋，只有4条分布在其他的海洋中。世界最著名的一些海沟，如日本海沟、马里亚纳海沟、菲律宾海沟和汤加海沟等就位于太平洋西部边缘的岛屿外侧。这些海沟的横截面均呈"V"形，由于松散物的堆积，海沟最深处或海沟底部总有一段平坦的地形。可能由于海沟运动缓慢，这种海沟平底又并不是完全水平的，而是稍微向岛弧方向倾斜。从阿拉斯加沿岸起有一连串的岛弧山脉直达新西兰海沟，这些岛弧的结构并不单一，大陆一侧的内弧多为火山弧，而位于大洋一侧的外弧则多为非火山弧。

这些神秘的海沟是怎样形成的呢？

大量的历史资料表明，海沟众多的太平洋地震带位于太平洋边缘地区。1876年1月，伴随着斐济——克马德克群岛间海沟的8级强震，这里发生了大规模的地面变形、断裂和崩塌等现象。1891年10月，日本横滨的地面裂开了一条长达160千米的裂缝。1899年，阿拉斯加大地震使许多岩块离开原位置10～15米，它还使岸边森林也陷入海中。

随着20世纪60年代地震学的发展，一些人开始从地震机理入手研究海沟形成的原因。地幔下面温度高的部分发生热膨胀后就会产生热对流，形成地球内部的物质对流，就像锅中经过反复加热的水会发生膨胀，水的体积增加，密度变小变轻，锅底较热的部分上升，相反表面上的冷水就会下降。于是，科学家们推测：海沟形

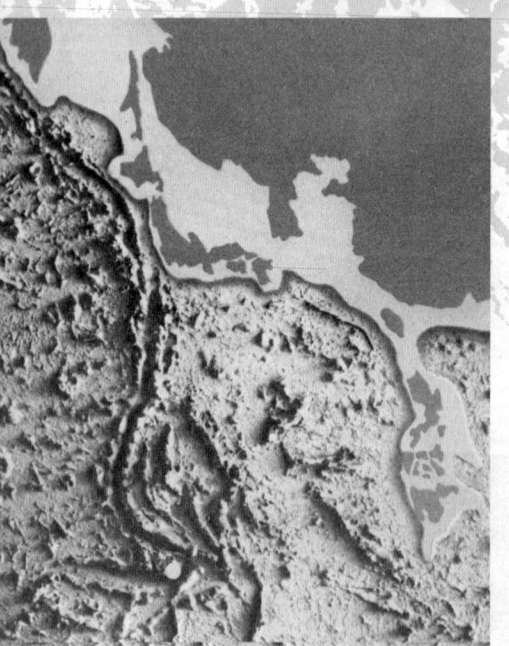

● 的里雅斯德号潜到马里亚纳海沟底停下（图中黄点处），创下人类潜水最深纪录：11022米。

成的原理也与此相似。

后来，科学家们据此模拟了海沟的形成过程：大洋中央海岭顶部异常大的地热流，在张力作用下，与从海岭下方上升的地幔热对流，为地震提供能量来源，就是这种对流和地幔上升的张力，造成了大洋海岭中央部位的裂谷带和断裂带。到达大洋边缘部位的地幔流与大陆相碰撞，然后就在那里沉潜。地壳被下降的地幔流带动而发生凹陷，于是在大陆边缘部位就产生了像深海沟那样的凹地。

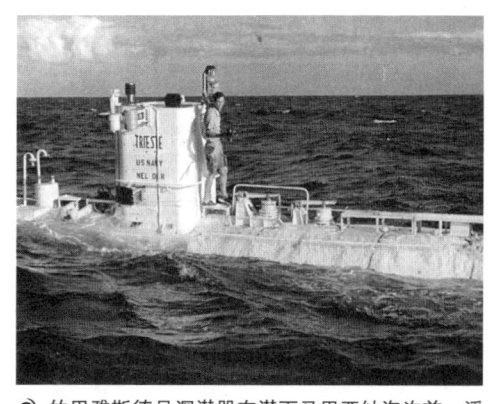

TRIESTE
US NAVY
◎ 的里雅斯德号深潜器在潜下马里亚纳海沟前，浮在波涛汹涌的太平洋面上作初步试验。

但是，让科学家们感到棘手的是，地幔对流说看似简单，实则不然。至今他们仍不能证实大规模的地幔对流的存在；即使存在，也无法证实它能在地壳之下沿着大洋底部横向流动。科学家们仍在努力探索着，以期早日破译海沟的秘密。

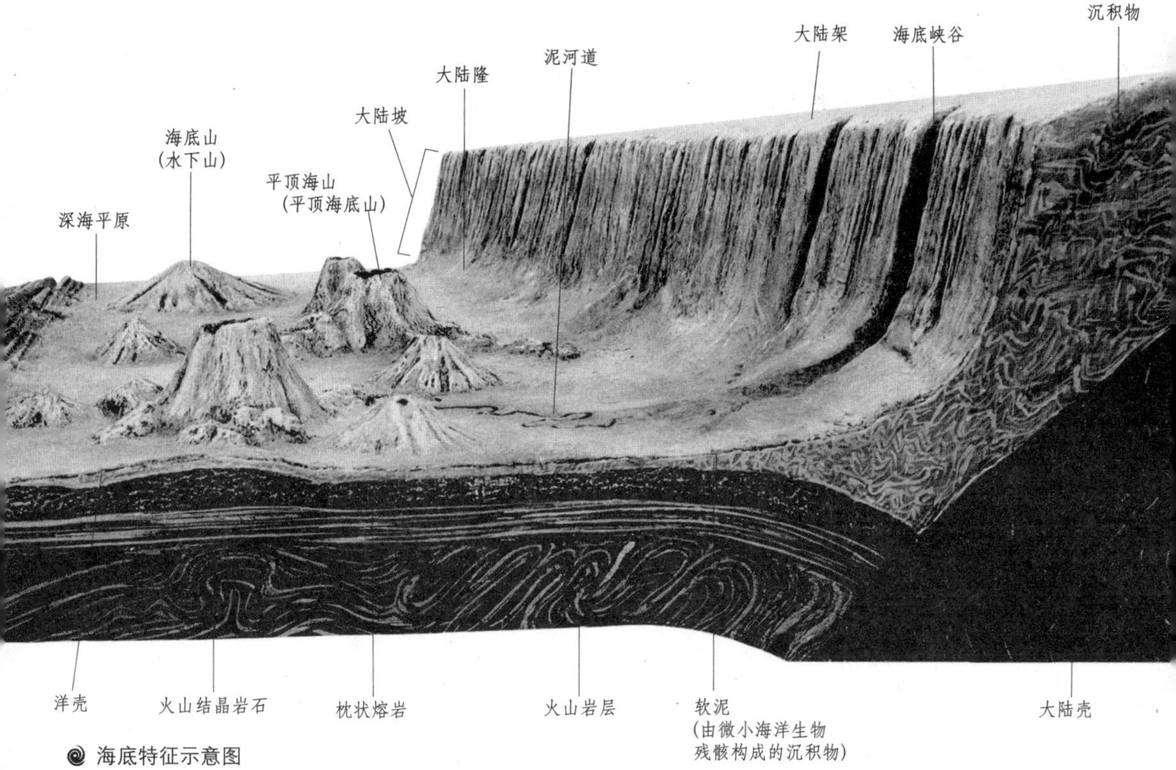
沉积物
大陆架
海底峡谷
泥河道
大陆隆
大陆坡
海底山
(水下山)
平顶海山
(平顶海底山)
深海平原
洋壳
火山结晶岩石
枕状熔岩
火山岩层
软泥
(由微小海洋生物
残骸构成的沉积物)
大陆壳
◎ 海底特征示意图

怎样掌握海洋中的气候变化

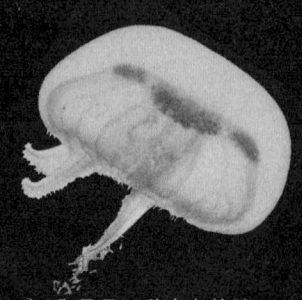

水母是一种古老的腔肠动物,这种低等动物有预测风暴的本能,每当风暴来临前,它就游向大海避难去。

俗话说,天有不测风云。人们出海航行作业最担心的就是遇上风暴,巨大的海浪常常会把船掀翻或击沉,给人们的生命和财产造成巨大损失。因此,经常出海的人们必须了解怎样掌握海洋中的气候变化。

40多年前,国外有一艘考察船在大海中进行科学考察。一天,船上的一位气象工作者在施放探测气象的高空气球时,无意中将气球贴在脸上,顿时,一阵剧烈的疼痛袭击了他的耳朵,他不由得喊叫起来。奇怪的是,考察船在当天晚上遭遇了猛烈的风暴。当时,这位气象工作者只是把这些客观现象记录在航海日记中,并没想到这两件事情之间是否有某种关联。

当这艘考察船返航后,科学考察记录被送交科学研究机构,由另一位科学工作者进行审阅。当他看到气球事件的记录后,灵机一动,忽然想到这样一个问题:气球振荡与海上风暴是不是有着某种自然联系呢?

为了揭开这个谜团,科学家们又做了许多实验,结果发现只有在恶劣天气的前夕才会发生气球振荡的现象。同时,他们还做出了更细致的工作,用特殊仪器把每次气球的振荡全部记录下来,并做出振荡曲线。经过比较他们发现,这种振荡和人耳听不见的声波振荡极为相似。

科学工作者坚持不懈地进行深入而又广泛的研究之后,终于从一只气球入手识破了"海洋的声音"的秘密。原来由于风暴所掀起的波浪与空气摩擦会产生次声波,次声波又引起了气球的振荡。人耳既听不到次声波,也听不到超声波。在自然界中,打雷、地震、极光、风暴等现象都能产生次声波。在上述事件中,气球收到的次声波是风暴所发出的。强烈风暴的涡流会导致次声波和很多频率的声波产生,当遥远的海面上发生风暴时,风暴中心产生强烈的次声波,并且很快向四周传播。次声波在空气中的传播速度达到了每秒340米,远远超过了风暴本身的移动速度。所以,每当风暴来临时,次声波一定会先行,为它奏响"前奏曲"。

在大自然中,有许多动物都能"听"到风暴的"前奏曲"。生活在沿海的渔民通过长期的观察积累知道,如果海鸥和其他鸟类一早就飞出,深入海洋,那么傍晚一定没有强风;若鸟类在弱风中徘徊于岸边,或飞向海洋不远处,便预示着风力即将加强;当大群大群的鸟类从海上飞回海岸,鱼和水母成批地游向大海,生活在近岸水域里的小虾纷纷靠岸,则是风暴来临的预兆。这些动物都能感受到海洋的次声波。

在这些动物中水母对于次声波有着极强的天然感受能力。在水母的8个触手上生有许多小球,小球腔内生有沙砾般的听石,这是水母的"耳朵"。这种奇特的听觉器官,能听到人耳听不到的次声波。由海浪和空气摩擦而产生的次声波冲击听石,刺激着周围的神经感受器,使水母在风暴来临之前的十几个小时就能够得到信息。

水母接收次声波的现象给了人们很大的启示，根据这个原理，人们成功设计出了"水母耳风暴预测仪"。这种仪器由接受次声波的喇叭、共振器和把这种振动变为电脉冲的电压变换器以及指使器等组成，仪器的钟形收音喇叭就相当于水母的听石。它被安装在轮船的甲板上或海岸边，由一个小电动机给它提供动力。它就像雷达的天线一样转个不停，搜索着次声波传来的方向。当喇叭收到"海洋的声音"时，在仪器反馈系统的作用下，喇叭立刻停止转动，随后谐振器放大次声振荡，再传到压电石英片上，次声振荡便转换为电流振荡，经过电子放大器放大，在荧光屏上显示出来，或由微伏表指示出来。这种仪器对风暴的预测十分有效，能提前15小时对风暴做出预报，这对海上作战的防风暴工作非常有利。

目前，次声波接收器还不是很先进，只能发现离海岸不太远的风暴，距离一远它就无能为力了。但我们相信随着科学技术的发展，随着对大自然的进一步探索，不用多久，科学家一定能用更先进的观测技术预测到海洋上的任何一场风暴。到那时，人们就真正能够掌握海洋中的气候变化了。

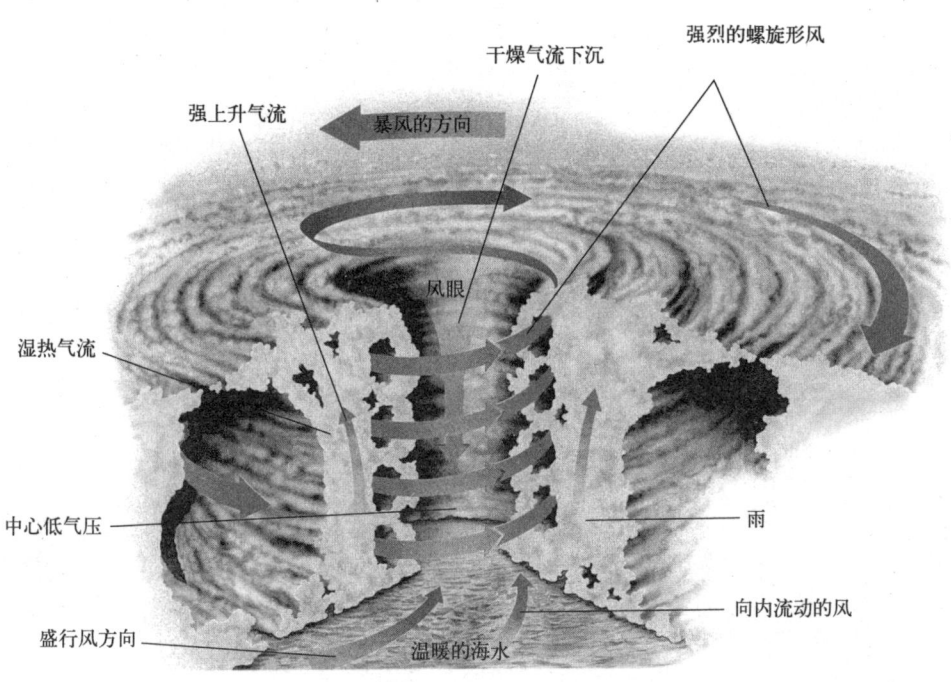

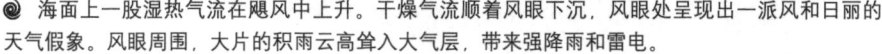

● 海面上一股湿热气流在飓风中上升。干燥气流顺着风眼下沉，风眼处呈现出一派风和日丽的天气假象。风眼周围，大片的积雨云高耸入大气层，带来强降雨和雷电。

海火之谜

1933年3月3日凌晨，日本三陆发生海啸时，人们看到，当波浪从釜石湾口附近的灯塔涌进海湾中央时，三四个像草帽般的圆形发光物在浪头底下出现，它们色泽青紫，横排着前进，像探照灯那样向四面八方照去，光亮可以使人看到波浪中的破船碎块。一会儿，这圆形发光物被互相撞击的浪花搅碎，然后发光物就消失了。

1985年6月的一天，天空晴朗，太平洋洋面平静如镜，满载货物的50艘巴西船正在航行。突然，船队发现一片大火在前边的海面上忽然燃起，凶猛的火向船队扑来。全体船员奋力协作，终使船队逃脱厄运，才没有发生大的损失。

1986年和1987年，在大西洋和印度洋的海面上美国船队和日本船队也分别遭遇过类似的海上怪火。

这种海水发光现象被人们称为"海火"，海火常常出现在地震或海啸前后。海火是怎样产生的呢？联合国曾组织有关地质学家和海洋专家调查过海火现象。调查报告有以下3种解释：第一，由于有难以计数的可燃发光微生物群在海底聚集，随着生殖繁衍其群体日益增多乃至涌出水面，再加上光照和空气中的氧气等条件，怪火就可能酿成；第二，由于恰是可燃气体如沼气等的气源在海底，气源膨胀后可燃气体从水面冲出，与空气摩擦燃着成为怪火；第三，由于海洋波涛汹涌，巨浪互相撞击，如条件合适，水中氢氧元素便会被分开，在强光的照耀下，怪火便会发生。

一些学者认为，怪火的出现与地震关系紧密。美国科学家曾对圆柱形的花岗岩、煤、玄武岩、大理石岩等多种岩石试样进行压缩破裂试验，结果发现当有足够大的压力时，这些试样便会爆炸性地碎裂，在几毫秒内会有一股电子流释放出。周围的气体分子正是在这股电子流的激发下发出微弱的光亮。这些样品若被放在水中，水也会因它碎裂时产生的电子流发出亮光。因此，当发生强烈地震时，很多的岩石破裂，破裂过程中释放的电子流足以产生让人感到炫目的光亮。不过，在海啸发生时，不像地震那样会发生大量的岩石爆裂（当然地震海啸除外）。那么，海火又是怎样产生的呢？

怪火现象极为复杂，可能是因为不同的原因造成的，所以海火也具有不同的特征。但海火现象确实存在，且其形成机制我们尚未完全弄清，尚待继续探索。

最大的海底溶洞——巴哈马大蓝洞

也许你见过陆地上的溶洞,但你能想象海底也有溶洞,并且虽然这个洞穴位于水下,但洞中却生机勃勃。这个神奇的海底大溶洞就是巴哈马大蓝洞。

巴哈马群岛位于美国佛罗里达半岛外的罗萨尼拉沙洲与海地岛之间,整个群岛由30个较大的岛、600多个珊瑚岛和2000多个岩礁共同组成,全长1200千米,最宽处达600多千米,其陆地面积约14万平方千米。

世界地理未解之谜

群岛中最大的岛屿安德罗斯岛面积有4300多平方千米,在岛的南北之间,有一个世界上最大的海底溶洞——巴哈马大蓝洞。巴哈马人称蓝洞为沸腾洞或喷水洞,这是因为有汹涌的潮流在洞口出入的缘故。涨潮时,洞口的水开始围绕着一个旋涡飞速旋动,能把任何东西吸入;落潮时,洞内喷出蘑菇形的水团。一些当地人相信,一种半似鲨鱼半似章鱼的怪物生活在蓝洞内,这种怪物会用长触须把食物拖入海底的巢穴内,吐出不需要的残余物。人们据此来解释水流出入这些洞穴时的猛烈运动。

巴哈马大蓝洞全部洞穴都在水面之下,全长800米,直通大海。各洞窟彼此都有通

◎ 1969年从"阿波罗9号"宇宙飞船上拍摄的这张照片,清晰地显示出绕经安德罗斯岛的蓝色"大洋之舌"。安德罗斯岛及其周围水域因海洋底部有深邃的洞穴——蓝洞而闻名。

道连接，各通道左穿右插，又连着小洞窟，像迷宫一样。洞中遍布形态各异的钟乳石和石笋，有的像妖魔鬼怪，有的像飞禽走兽，有的像鲜花树木。这里虽然终年得不到太阳的照晒，但却充满了生机，洞壁上长满了各种各样的海绵，洞里生活着青花鱼等水生动物。

◎ 这个巨大的钟乳洞中，墨蓝如猫眼般的海水，震人心魂。同时，也是一个诱人的潜点。

那么，为什么会在水下形成巴哈马大蓝洞呢？

巴哈马群岛原来是一条巨大的石灰岩山脉的一部分，当时地球上遍布冰川，海平面远远低于现在的海平面。后来，石灰岩受到酸性雨水的淋蚀而形成许多坑洼，逐渐成为洞穴。再以后，地下河因气候的日益干燥而消失了，洞穴也随之干燥，于是从石灰岩中析出的硫酸氢盐和钙慢慢形成石笋和钟乳石，没有水的支撑，洞顶开始坍塌，很多洞窟的顶部成了穹形。距今1.5亿年前，冰川因地球气候转暖而开始融化，海平面也逐渐升高到现在的高度，一部分陆地沦为海洋，于是巴哈马群岛上的一些洞穴就变成了水中洞穴，巴哈马大蓝洞因此形成。

由于一般的海底洞穴一旦形成了便常常被淤泥冲积物充塞掩埋，因而极少有海底洞穴存在。而巴哈马大蓝洞则因为附近大河很少，沉积物少，而且水流较急，能将附近的沉积物迅速冲走而得以存留到现在。但巴哈马群岛至今仍在下沉着，那它将来的命运又会如何呢？

◎ 蓝洞中千姿百态的钟乳石和石笋

蓝洞的形成

淡水
微咸水
海水

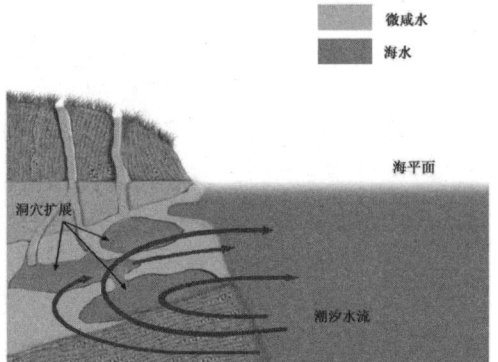

1. 雨水渗过地表岩石，与海水混合成一种微咸的水。微咸的水被潮汐带走，侵蚀岩石裂缝。经过几百万年，这些裂缝渐渐扩大，先成为沟槽，然后变成洞穴。

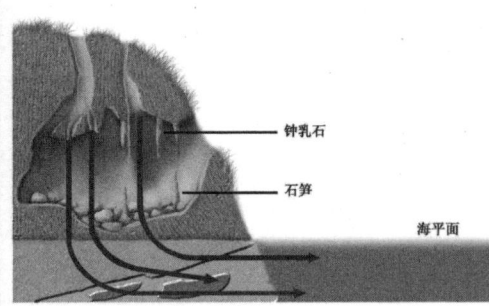

2. 经过一连串冰期，水冻结在冰盖和冰川中，海面下降，排干了水下洞穴里的水。在许多洞穴中，滴水形成了钟乳石和石笋，也有些洞穴的洞顶塌陷，形成蓝洞。

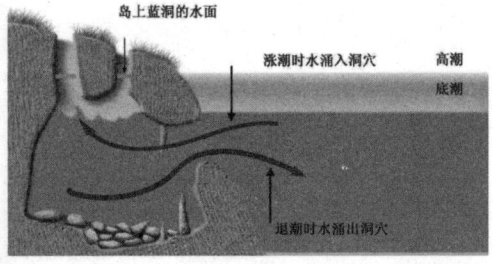

3. 随着潮汐涨落，水反复涌入或涌出蓝洞，水流十分湍急，潜水员必须把握好时间，在为时20分钟的水流缓和期内，尽快完成探索工作。若算错了潜水时间，有致命危险。

美丽的"海底玫瑰园"

20世纪80年代,一些科学工作者在格拉普高斯海岭及东太平洋海隆进行考察。他们乘坐深潜器潜到海底,当打开探照灯时,通过潜望镜及海底电视,他们看到一幅神奇的画面:在一片生机盎然的绿洲上,生长着海葵一类的植物,还有各种动物,长达5米的鲜红色蠕虫、西瓜一般大的海蚌、菜盆似的蜘蛛、手掌大小的沙蚕等,它们自由自在地游弋着,还不时地以惊诧的目光瞅瞅它们从未见过的人类。科学家称这个美丽奇妙的世界为"海底玫瑰园"。

在离"海底玫瑰园"稍远的地方,科学家们还发现一个个"烟囱"正在"咕嘟"、"咕嘟"地冒烟,这些"烟囱"极为粗大,直径为2～6米,就像滚锅一样,热水

◎ 在这个特殊的深海环境里,孕育出一个黑暗、高压下生存的生物群落。在"烟囱"的喷口周围,形成一个新奇的生物乐园,这里的海洋细菌,靠吞食热泉中丰富的硫化物而大量迅速地蔓延滋生,然后,海洋细菌又成了蠕虫、虾蟹与蛤的美味。

◉ 几千米以下的深海，是一个少有人探寻的神秘世界，色彩斑斓、生机盎然。

上下不停地翻腾，喷射出五颜六色的乳状液体。在烟囱的周围凝结着一堆堆冷却了的火山熔岩，形状如同一束束巨大的花束，姿态万千。

在"暗无天日"的海底，为什么会存在这么丰富多彩的世界呢？

经过研究，科学家们发现这一海域的海水深达2600～3000米，"烟囱"喷出的热泉水温度却高达350℃～400℃，这里的热泉水不仅含有丰富的金属物质，而且还含有硫黄等气体。由于硫黄气的存在，从而导致硫黄细菌的繁殖。正是由于这些硫黄细菌的繁殖，加上海底"烟囱"里独特金属物质的存在，造就了这些地方奇特的生物群落。

那么，海底"烟囱"是这一海域所独有的吗？

其实早在60年代中期，在红海海底，就有人发现了多处类似"烟囱"那样的"热洞"。至今，人们在红海海底已经找到了四处"热洞"。过去人们总是用海水的盐分、气候的干燥和温度的高低，来解释红海海域特有的海洋生物群——红海的鱼类有15%是其他海洋里所没有的。现在看来，大量特有的金属物质的供应以及海底"烟囱"的存在，很可能也是红海特殊生物群落存在的一个重要原因。

1977年，英国地质学家乘坐"阿尔文号"深潜器，在太平洋的格拉普高斯海岭也观察到了正在喷溢的海底"烟囱"。1979年，美国生物学家、地质学家和化学家们，再一次乘坐"阿尔文号"深潜器，对东太平洋海岭及格拉普高斯海岭进行长时期的考察，并拍摄了大量电视纪录片。第二年夏天在继续考察时，他们又找到许多新的含矿热泉水及气体的喷溢区。科学家们认为这些水下的温泉是海底火山喷发的喷孔，随着热泉水的喷发，丰富的铁、铅、锰、锌、铜、金、银等金属物质在"烟囱"周围沉积下来，形成矿泥。也有人认为由于板块的碰撞，造成海底地层出现坼裂和扩张，地球内部喷涌而出的熔岩冷却固着成新的海底地壳。海水在地心引力作用下倾泻深入地裂中，同时形成海底环流将熔岩中大量的热能和矿物质携带和释放出来。当炽热的海水再度喷射到裂缝上冰冷的海水中，其中的矿物质便被溶解并形成一缕缕烟雾。矿物质遇冷收缩最终沉积成烟囱状堆积物，地裂中热液顺烟道喷涌而出就形成景致奇异、妙趣横生的海底热泉。

但加利福尼亚州蒙特雷水族生物研究所海洋地质学家德布拉·斯特克斯则认为，海底烟囱的构筑绝不仅仅是地质构造活动的结果，他和助手特里·库克发现，在热泉口周围生息着种类繁多的蠕虫，它们在营造烟囱中起着至关重要的作用。他们从烟囱内采集来岩心，发现上面布满了含有重晶石的凹陷管状深孔，从管外形来看极有可能是管足蠕虫长期挖掘的产物。管足蠕虫内脏中的细菌可从热液获取营养来维持自己的生命，细菌

● "阿尔文号"深潜器长66米、宽2.4米、排水量13吨，舱内装有许多小型电子仪器，可容纳两个乘务人员。该深潜器不仅能潜入深水，而且还可以在深水或海底附近作水平方向移动。

还可把海水中的氢、氧和碳有机地转化生成碳水化合物，为蠕虫提供生存所需的食物。这种化学反应的结果遗留下硫元素，蠕虫排泄的硫又促使海水中的钡和硫酸发生催化反应。长久以来，蠕虫死后便在熔岩中遗留下管状重晶石穴坑。蠕虫开凿的洞穴息息相通，从而使热液将矿物质源源不断地输送上来并堆集烟道。当烟囱在热泉周围形成后，熔岩上深邃的管状洞口穴就成为矿物热液外流的通道从而形成海底黑烟热泉奇观。

现在科学家仍在进一步研究管足蠕虫在海底烟囱形成中所起的作用。

● 海底烟囱冒出来的炽热熔液，含有丰富的铜、铁、硫、锌，还有少量的铅、银、金、钴等金属和其他一些微量元素。一个烟囱从开始喷发，到最终"死亡"，在短短几十年的时间里，可以造矿近百吨。

● 因地下暗流产生强大水压而形成的海底洞穴——海漩涡。

海底喷泉与海底"洞穴"

泉水是地下水涌出地面而形成的。奇怪的是,在一些海边甚至在海底也有泉眼,泉水从那里喷涌出来,形成喷泉。与此相反,海水还会往里吸,形成深不见底的洞穴。

在离甘吉亚蒂村不远的黑海海面上,苏联的一艘考察船发现了甘吉亚蒂海泉,这是一个海底喷泉,水量惊人,每秒能涌出约 300 升淡水,在高水压的作用下,泉水能迅速冲破海水层直达海面,在蓝色的海面上翻腾跳跃的泉水极为壮观。考察队员用芦苇秆插进泛着白色泡沫的水里,就吸到一股清甜而凉爽的泉水。

在波斯湾的巴林群岛附近有一个海泉,当地人自古以来就一直在翻腾着的海面,用掏通了的竹竿从海底收集淡水。

在古巴南部沿海的暗礁和石岛间的海面上,也常常出现这种泉水。这种翻滚上涌的水常带甜味。经水文和地质队考察,发现古巴岛上的河流有时会突然由地面河流变成一直流到沿海地层下的地下暗流,然后又从海底冒出,成为海底喷泉。

海水是咸的,但在美国佛罗里达半岛以东不远的大西洋上却有一小片直径约为 30 米的海水是淡水,令人惊讶的是,这小片海水的颜色、温度和波浪与周围的海水完全不同。

当地人早就发现了这种现象，过往船只也常常到这里来补充淡水。原来，这里的海底是一个深约40米的小盆地，中间有个日夜不停地喷出一股股强大淡水的喷泉，泉水在水压的作用下，从泉眼斜着升到海面。这个海底喷泉是地下自流水的一部分，其喷水量远大于陆地上最大喷泉的喷水量，每秒喷出的泉水可达4立方米。泉水汹涌上升，水流同周围的海水隔绝开来，因而形成了这个淡水区域。

另外，爱尔兰岛的海边有个举世罕见的喷泉，这里有块名叫"麦克斯威尼大炮"的岩石，岩石顶上有个直径为25厘米的孔眼与海底相通。每当海潮上涨，海水就会被压进岩穴然后喷射出一股高约30多米的水流，同时发出隆隆的吼声，宛如大炮在发射，"麦克斯威尼大炮"之名由此而来。

在爱奥尼亚海和亚得里亚海，还有一种"海磨坊"，是一种同喷泉完全相反的情景。海面上的海水因海底的强大吸力而形成强大的漩涡，仿佛有个无底洞穴在猛烈地抽吸着似的朝着海底涌去。在希腊阿哥斯托利昂城附近海面上，就有两个每秒钟约有6.7立方米的水被吸向海底的"海磨坊"。

漩涡和喷泉虽然一个是往里吸，一个是向外喷，但是科学家发现，海漩涡的形成也与海底喷泉有关。在石灰岩的海岸区存在着许多被水流侵蚀成的洞穴，从高处流到海底的地下暗流往往比海面高得多，在这种巨大压力的作用下，地下水冲破海水的阻碍，从海面喷出来。在地下暗流的作用下，能产生强大的水压力，附近岩洞里的水会被这种压力吸出来，在这种情况下，如果这些岩洞跟海水相连，就会将附近的海水吸进去，从而形成海漩涡。但具体的成因，还有待进一步考察。

◉ 天宁岛（属于北马里亚纳群岛）的喷洞是火山熔岩在海面上冷凝后留下的空洞，每当海浪涌来，水下压力形成活塞运动，巨大的冲力将海水喷射到数十米的空中，同时伴随着巨大的轰鸣，随着海浪的大小和方向的改变，每一次的喷发都有不同的形状。

巨人岛催人长高之谜

● 生长在马提尼克岛的巨大海芋属植物。

在浩瀚无垠的加勒比海上,有一个神奇的小岛,它的名字叫"马提尼克岛",现在人们也称它为"巨人岛"。从1948年起,岛上出现了一种令人们疑惑不解的奇异现象,所有成年人的身材像麦苗拔节似的呼呼往上直窜,成年男子的身高平均达1.90米,成年女子的身高也超过1.74米。而且不光本地土著居民会长高,成年的外地人到该岛来居住一段时期后也会很快长高。有一位记者游览了该岛后这样写到:"来到这里,好像进入了童话中的巨人世界,男人们两米多,十几岁的男孩都比岛外的普通成年人高,我在他们眼里,好像是从小人国来的,人们都围着我用惊奇的眼光向下看,好像我是立在地上的一个玩物。"

为了对"巨人岛"进行科学考察,64岁的法国科学家格莱华博士和57岁的理连博士开始在岛上居住下来。两年以后,两人发现他们的身高分别增长了2寸半和2寸。此后,又有外来老年人增高的例子出现。英国旅行家帕克夫人已经年近花甲,她在该岛旅居一个月后意外地发现自己增高了3厘米。更让科学家们感兴趣的是,不仅人会长高,岛上的动物、植物和昆虫的增长也比较迅速。从1948年起约10年时间里,岛上的苍蝇、蚂蚁、甲虫、蜥蜴和蛇等都比通常增长了约8倍。特别是该岛的老鼠,竟长得像其他地方的猫一样大。

这些奇特的现象让科学家们兴奋不已,但也让他们陷入了困惑之中。关于引起这些现象的原因,科学家们意见不一。

有些科学家认为,1948年比利山区可能有一只飞碟或是其他天外来物降落了,这个埋藏在地下的天外来物放出一种性质不明的辐射光,正是这种光使该岛生物长高。但一些科学家对上述说法持怀疑和否定态度,因为还没有确切的证据说明世界上有飞碟或其他天外来物。

有些科学家认为,这种"催高"身体的放射性物质来自该岛蕴藏的某种放射性矿物,但这种放射性物质究竟是什么,科学家们至今也不知晓。

"巨人岛"的奥秘究竟在哪里仍是一个有待于科学家们去解开的谜。

土耳其的地
"世界屋脊"
渤海

亚洲篇

喜马拉雅之谜
陆大平原可否 YAZHOU PIAN
"魔鬼城"

沙漠中的"魔鬼城"

这是一个杳无人烟却又热闹非凡的"城市"。当晴空万里、微风吹拂时,人们在城堡漫步,耳边能听到一阵阵从远处飘来的美妙乐曲,仿佛千万只风铃在随风摇动,又宛如千万根琴弦在轻弹。可是旋风一起,飞沙走石,天昏地暗,那美妙的乐曲顿时变成了各种怪叫:像驴叫、马嘶、虎啸……又像是婴儿的啼哭、女人的尖笑;继而又像处在闹市中:叫卖声、吆喝声、吵架声不绝于耳;接着狂风骤起,黑云压顶,鬼哭狼嚎,四处迷离……城堡被笼罩在一片昏暗中。

这座神奇的"城市"位于新疆克拉玛依市乌尔河区东南 5 千米处,方圆约 187 平方千米,

🌀 在古老的传说中，往往把雅丹称作"龙城"。因罗布泊周围发育典型的雅丹地形，似龙象城而得名。置身于这片扑朔迷离、深邃的土台群中，满目皆是神秘、奇特、怪异的"亭台楼阁"，使人浮想联翩。

地面海拔 350 米左右。独特的雅丹地貌使这片地区被称为"乌尔河风城"，当地人称之为"魔鬼城"。

"雅丹"是维吾尔语，19 世纪末至 20 世纪初，瑞典人斯文赫定和英国人斯坦因，赴罗布泊地区考察，在撰文中采用了这个词汇。于是，"雅丹"一词就成了世界上地理学和考古学的通用术

🌀 风力对地貌的塑造具有特殊的意义，魔鬼城等特殊地貌就是风神的杰作。图为风蚀柱。

语。在地质学上，雅丹地貌专指经长期风蚀，由一系列平行的垄脊和沟槽构成的景观。"雅丹"地貌通常发育在干旱地区的湖积平原上，在新疆罗布泊东北发育很典型，世界各地的不同荒漠，包括突厥斯坦荒漠和莫哈韦沙漠在内，都有这种地形。究竟是谁建造了这种奇特的地貌，无数奇异的声音又是从哪儿来的呢？

据说，在距今约1亿年前的白垩纪，"魔鬼城"是一个巨大的淡水湖泊，后经两次地壳变动，湖泊变为一片广阔的沙漠，遍布着沉积岩和变质岩。千百万年风雨的侵蚀造就了深浅不一的沟沟壑壑，裸露的岩层被风雨雕琢成各种奇异的形态。这里尽是些形状奇异、大小不等的土阜、土丘，土丘又干又硬，有的拔地而起，如柱、如伞；有的匍匐在地，似狮、似虎；有的怪异，

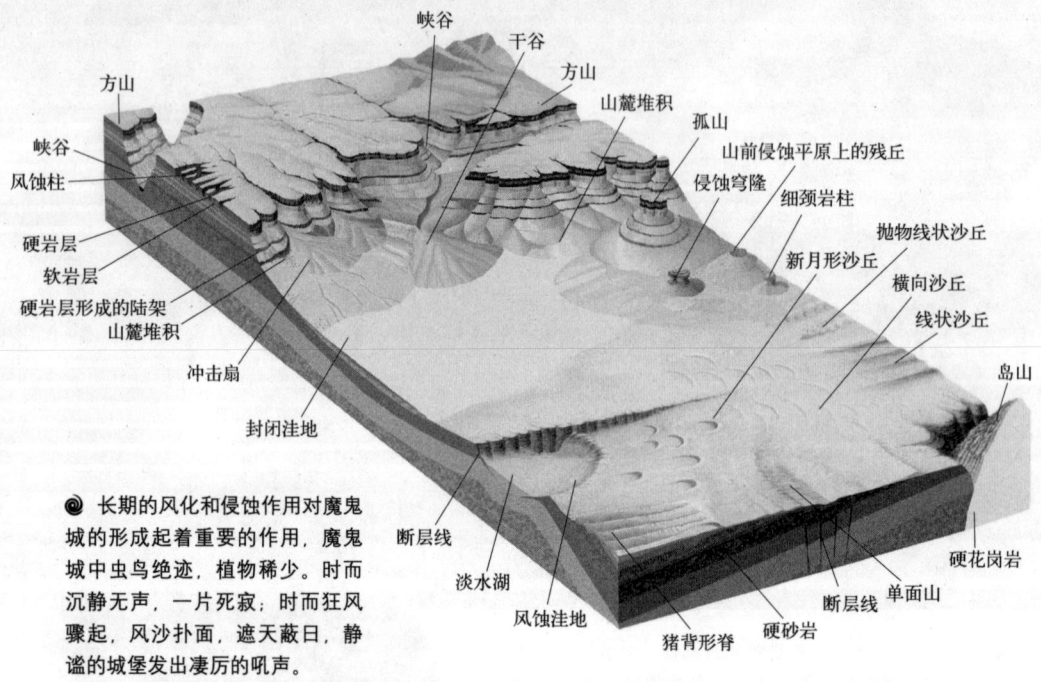

长期的风化和侵蚀作用对魔鬼城的形成起着重要的作用，魔鬼城中虫鸟绝迹，植物稀少。时而沉静无声，一片死寂；时而狂风骤起，风沙扑面，遮天蔽日，静谧的城堡发出凄厉的吼声。

像神、像魔鬼；有的肃穆庄重，像城堡、像帐幔……干旱区的湖泊，在形成历史中往往包括反反复复的水进水退，因而发育了上下叠加的泥岩层和沙土层，风和流水带走疏松的沙土层。致密的平台形高地在暴雨的冲刷下其节理或裂隙加宽扩大，加上大风的不断剥蚀，风蚀沟谷和洼地逐渐分开形成孤岛状的平台小山，后者演变为石柱或石墩。巨大的墩台高达12至20米，侧壁陡立，极难攀登。从侧壁断面上可以清楚地看出沉积的层理；下部是厚厚的灰绿色砂层，最上面是一层淡红色的粉砂黏土层，这是由于碳酸钙胶结得非常坚硬，而形成一个保护层，使土丘顶面非常平坦。每当大风来袭，呜呜地风声在此处如鬼哭狼嚎，让人毛骨悚然。"魔鬼城"一名便由此而来。"魔鬼城"就像一个颓废了的古城，纵横交错的风蚀沟谷是街道，石柱和石墩是沿街而建的楼群。各种各样的造景地貌琳琅满目，惟妙惟肖，置身魔鬼城定能使你形

象思维的特长得到最大限度的发挥。其实这里还真正存在着古城堡建筑、古民房遗址——艾斯克霞尔古城堡：风蚀台上还存有长方形的土夯建筑，高约5米，这曾是古丝路的驿站。据当地人推测，此地西面的湖泊干涸之前，这里也有村庄人家，当水源游移湖泊消失后，林木飞鸟在风沙中，部分变为化石，而此地居住的人只得背井离乡，连先祖的遗骨也移走了。

科学家在经过实地考察后，指出"魔鬼城"实际上就是一个"风都城"，并没有什么鬼怪在兴风作浪，而是肆虐的风在中间发挥着作用。在气流的

● 雨过天晴，"魔鬼城"上空出现美丽的彩虹。

作用下，狂风将地面上的沙粒吹起，不断冲击、摩擦着岩石，于是各种软硬不同的岩石在风的作用下便被雕琢成各种各样奇怪的形状。

"魔鬼城"的地层是古生代的沉积岩，多为侏罗系、白垩系的红、黄、灰白及其过渡类型的彩色砂、泥岩，经过漫长岁月的积累，一层又一层相叠而成，厚薄不一，松实结合。又由于这里属于干燥少雨的沙漠气候，经过太阳的烧烤，大地在白天时一片灼热，但晚上气温会骤然下降，冷热变化十分剧烈。在热胀冷缩的作用下，岩石会碎裂成许多裂缝和孔道。沙漠地区的风面对着准噶尔盆地老风口，再加上常年受到从中亚沙漠地区而来的西北风的影响，这些风最大的风力可达 10～12 级，风力极强。夹带着大量砂粒的狂风扑打在岩石上，长年累月地对那些有软有硬的岩壁进行侵蚀，这样那些岩石也就被雕琢得十分精致而且神奇。

但是，经过实地考察，雕琢"魔鬼城"的伟大工程师绝不止有"风"，还有"雨"，即流水的侵蚀、切割，是不是"风吹雨打"就足够了呢？

● "魔鬼城"景色
"雅丹"地貌通常发育在干旱地区的湖积平原上，由于湖水干涸，黏性土因干缩裂开，盛行大风沿裂隙不断吹蚀，裂隙逐渐扩大，使原来平坦的地面演变成许多不规则的墩台和宽浅不一的沟槽。

渤海古陆大平原可否再现

渤海是中国的一个内海，位于辽宁、河北、山东、天津之间，是个半封闭的大陆架浅海。面积7.7万平方千米，平均水深约18米，最深处也不到百米。渤海古称沧海，又因地处中国北方，也有北海之称。渤海海峡口宽59海里，有30多个岛屿，其中较大的有南长山岛、砣矶岛、钦岛和皇城岛等，总称庙岛群岛或庙岛列岛。

据说渤海曾是一个地势坦荡、一马平川的大平原。当渤海尚未形成时，庙岛群岛曾是平原上拔地而起的丘陵地带，山丘高度约200米。当时气候寒冷，由于强劲的西北风和冷风寒流互相作用，致使渤海古陆平原上飘来了大量的黄土物质。风沙不仅填平了古陆上的沟壑，而且还堆起了山丘，如今庙岛上独具特色的黄土地貌仍依稀可辨。现今，在黄土中有许多适宜寒冷气候的猛犸象、披毛犀和鹿等动植物化石，这些动植物化石表明，当时渤海古陆平原生机勃勃。1万年前的大平原上草地茫茫，人们可以想象，当时猛犸象漫步河畔，披毛犀出没其间，鹿群相互追逐，古人类尾随其后伺机捕杀的景象。

20世纪70年代初，一块从渤海海底捞起的骨头引起了考古学家的注意。经过仔细研究，这块毫不起眼的骨头被确认为披毛犀的牙齿。披毛犀是一种浑身披着长毛的犀类动物，是远古时期生活在比较寒冷的北半球的大型食草类动物，距今约1万至4万年之间，早已灭绝，

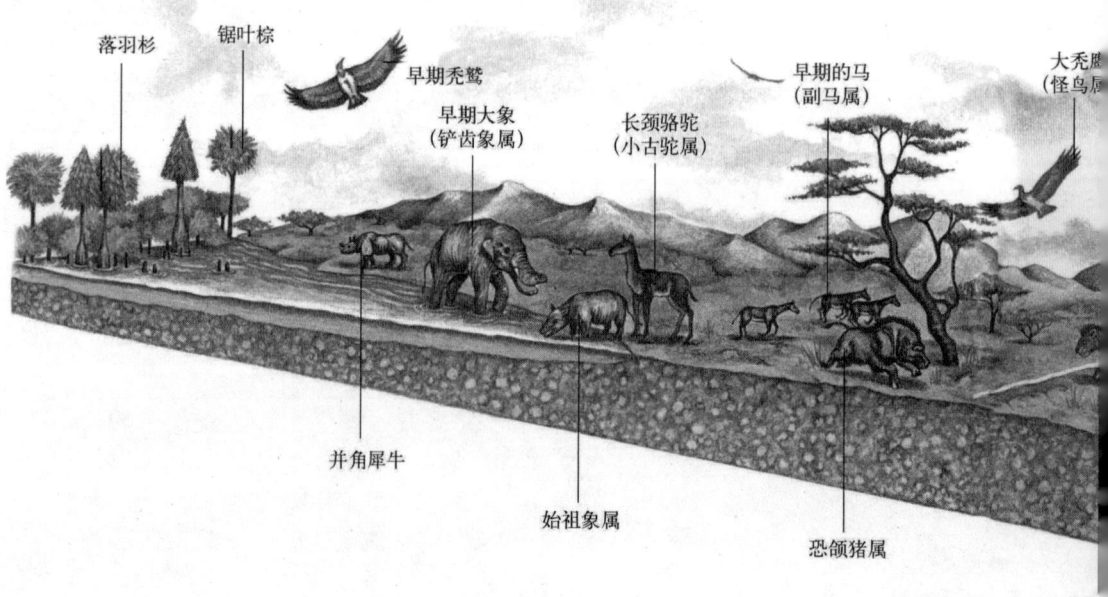

在中国主要分布在东北平原、华北平原等地。渤海海底发现的披毛犀牙齿，使学术界对渤海的过去有了新的认识，并且开始了对渤海地形地貌的历史研究。人们认为，渤海在遥远的过去曾是一块裸露的大陆，因为陆生的披毛犀是无法在海水中生存的。古生物学家认为，可能在晚更新世纪末期，也就是距今1万年前，由于冰川范围的扩大，原先最深处也不过80米的古渤平面一下子下降了100～150米。渤海地区因此一度完全裸露成陆地，形成一片平坦的大平原，成为许多动物的家园。后来，由于全球气候变暖，冰川融化，海平面大幅度上升，渤海平原逐渐被水淹没。

近年来，海平面变化的问题又引起了人们的关注。有人认为，海平面会上升，部分陆地会被淹没。然而也有人则认为海平面会下降，渤海平原会再次出现。彼此都有支持各自观点的理由。

据《滦州志》记载，1820年渤海西部的一个较有名的小岛——曹妃甸，其面积约8平方千米。到1925年之后，潮水和海浪不断地冲击小岛，大片土地坍入海中。如今，曹妃甸已基本沦入海内，找不到踪影了。然而，黄河口的情形却截然相反。从1855年以来，岸滩不断拓宽和淤高，潮间带的宽度，每年拓宽数十米，久而久之就形成了1300多亩新土地。在渤海湾及莱州湾，由于许多泥沙来自黄河并不断沉积，岸线也不断向海中淤涨。

如今的渤海，由于各方面的条件错综复杂，变化也因此十分复杂。岸线有进有退，变化完全相反，并且这种完全相反的变化还将继续下去。

那么，曾一度繁荣的渤海古陆大平原，会重新露出海面吗？这是大自然留给我们的一个谜，随着时间的推移，总有一天会被解开的。

● 环境优美的渤海湾

世界地理未解之谜

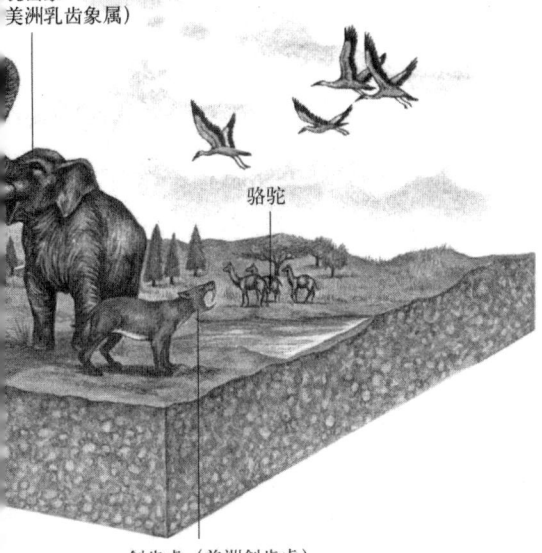

乳齿象（美洲乳齿象属）
骆驼
剑齿虎（美洲剑齿虎）

● 大约两万多年前，当时的渤海湾是一片酷似现代沼泽的海滩，生长着众多的棕树和日桂树，许多大型的哺乳动物已形成。随着全球气候变暖，冰川融化，海平面上升，渤海平原逐渐消失，加上古人类的大量猎杀，致使一些物种灭绝。

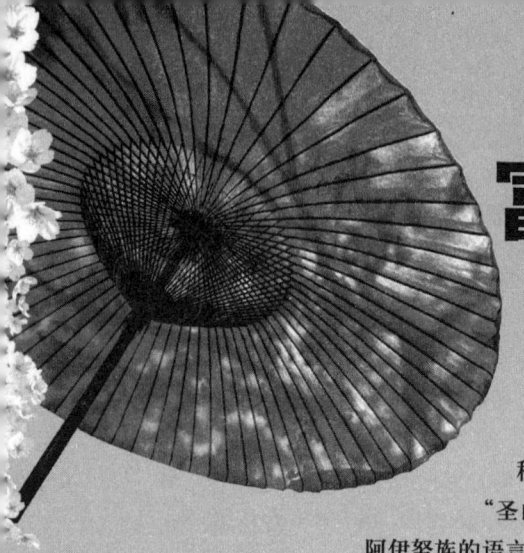

富士火山觉醒在即？

富士山距东京约80千米，跨静冈、山梨两县，面积为90.76平方千米。富士山是大和民族心之故乡，素有"圣山"之称，其名字的发音"FUJI"，来自日本少数民族阿伊努族的语言，意思是"火之山"或"火神"。

富士山是一座年轻的火山，据传于公元前286年因地震而形成，最后一次喷发是在1707年。那一次喷出的岩浆曾淹没了附近两座较老的火山，砂土远扬400千米，形成了今日富士山的锥形巨峰。在富士山周围100多千米以内，人们就可以看到那终年被积雪覆盖着的锥形轮廓，昂然耸立于天地之间，显得神圣而庄严。

富士山周围有"富士八峰"，它们分别是剑峰、白山岳、久须志岳、大日岳、伊豆岳、成就岳、驹岳和三岳。富士山西南麓有著名的白系瀑布和音止瀑布。南麓是一片辽阔的牧场，绿草如茵，牛羊成群，是天然的观光胜地。在静冈县裾野市的富士山麓，开辟了面积为74万平方米的游猎公园，里面的野生动物共计有40种1000多头。

富士山北麓有富士五湖。它们分别是河口湖、山中湖、精进湖、西湖和本栖湖，其中最大的是面积为6.75平方千米的山中湖。湖东南的忍野村有被称为"忍野八海"的涌池、镜池等8个池塘，它们连通着山中湖。西湖岸边也有许多风景区，如红叶台、青本原树海、足和田山、鸣泽冰穴等。五湖中交通最为方便的是河口湖，湖中有鹈之岛，这是五湖中仅有的一个岛。

富士山每年都吸引着数百万人前去攀登，很多人以登上富士山为荣。日本人登富士山的历史始于平安时代（794～1192）中期，相传第一个登上富士山顶的人是缘之和尚，他冒着生命危险登上了富士山顶，下山时眉毛已被烤焦。在他之后，一代代僧人接踵而来，并在山顶建起了第一批木屋。现在，每年的7～8月被定为登山节。

有人说富士山属于"休眠火山"，不大可能再度爆发。但一些地震专家反驳说，虽说富士山已有好几百年没有喷发了，但这并不说明它就是一座死火山。

最近两年来，日本富士山周围地区发生了多起来自较深震源的低频地震，于是，有关富士山这座活火山何时喷发的揣测越来越多。据史料记载，富士山共喷发过18次，"但是，没有记录在案的喷发远远不止这么多次，"日本火山研究专家宫地直道指出，"对于这部分有待填补的空白，只能靠专家去实地踏勘。"可是，富士山覆盖面积较广，山体自海拔2900米直到山顶，均为火山熔岩、火山砂所覆盖，陡坡上整个冬季为积雪覆盖，夏天裸露的火山岩异常光滑，专家很难涉足。

2002年秋天，日本地质专家们在海拔1400米高度的东北山麓钻取了直径约8厘米、长

130米的连续岩芯,它的质感较酥软,大体都是细微粉粒的火山灰。岩芯中的黑色物质是由被火山岩屑流吞没的树木燃烧之后形成的碳,它们与火山灰等沉降物、泥流堆积物、熔岩等多层复杂地重迭在一起,详细分析这些层次,富士火山喷发的历史将有望揭开。

为了防范富士山的下一次喷发,日本政府已成立专门机构,组织有关专家绘制了富士火山喷发灾害预测图,预测工作按迄今最猛烈的规模做准备,并模拟演示为害范围以及相应惨烈程度。发生于1707年12月16日的宝永喷发,持续了16天,山腰的火山灰厚达1米,随西风飘移到江户的火山灰厚度也在2厘米以上。同时引发的地震达8.4级,有2万多人死亡,8万多间房屋毁于一旦。按富士火山灾害预测图所做的测算,同样的喷发如果发生在今天,不算人身伤害,损失也将超过2万亿日元。

专家组预测,富士山的喷发可能有两种类型,一种可能是从山腰流出熔岩,另一种可能是从山顶大量喷出火山灰。前一种喷发如果发生,火山熔岩的一部分可能会到达日本铁路大动脉的东海道新干线,由于熔岩流动速度较慢,灾害发生时还能来得及组织人员避难。但如果后一种喷发发生,火山灰将危及整个首都圈,要是赶上雨天,还将引起停电,并将导致道路交通中断。

看样子,现在富士山的子民们能做的只是祈祷"圣山"别再怒吼。

◎自古以来,富士山就是举行日本传统山岳信仰活动的重要场所。今天,作为一项观光登山活动,许多人喜欢登临富士山,从山顶观看日出。

土耳其的地下城市

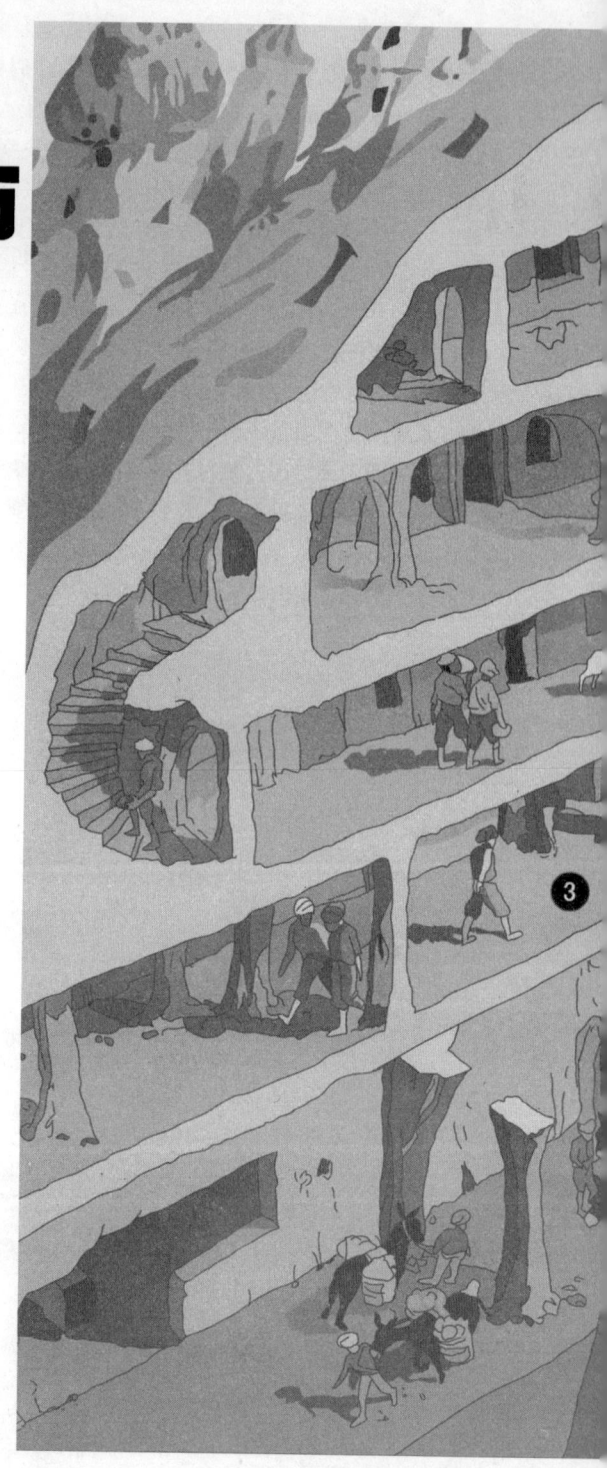

由火山熔岩侵蚀而成的卡帕多西亚高原位于土耳其境内，面积4000平方千米。迄今为止，人们在这里已发现了36座地下城市。熟悉这一地带的人认为，地下城市的数量肯定远不止这些。这些地下城市大多是13层以上的立体建筑，在最低的一层人们甚至发现了闪米特时代的器物。现在人们已经描绘出了这些城市的俯视图，地下城市相互间以一系列地道连接在一起，其中连接卡伊马克彻和代林库尤的地道，就有10千米长。地下城里有储物室、起居室、水井、通风井、捉拿入侵者的陷阱，每所房舍都能住数千人。

关于卡帕多西亚地下岩洞的存在和消失，史书上全无记载，始终是未解之谜，最早发现这一奇迹的是法国一位访问土耳其的密使。他是法国国王路易十四(1643～1715)所派的，他偶然经过此地，见到这些不可思议的、已被废弃的岩洞教堂群，回欧洲便宣布了这一重大发现。然而，起初却没人相信他的"神话"，都说他是疯子，世间哪有这样美妙的地方。后来消息传开，渐渐有人前来探访，土耳其也有移民前来垦荒。20世纪初，这里才有稀稀疏疏的村落，居民大都利用废洞安身。人们与洞穴为伴，习以为常，未引起考古学家的注意。

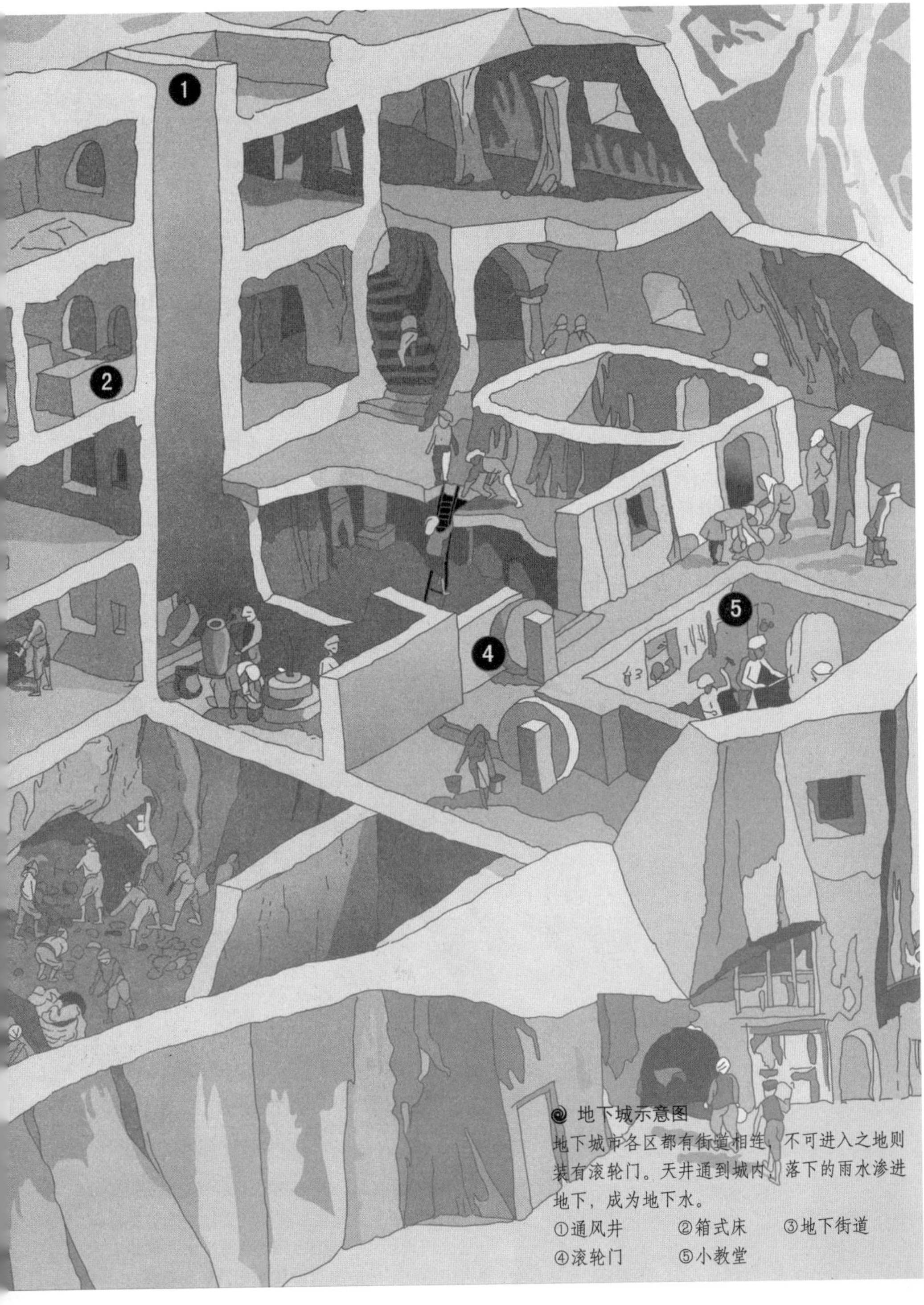

◎ 地下城示意图

地下城市各区都有街道相连，不可进入之地则装有滚轮门。天井通到城内，落下的雨水渗进地下，成为地下水。

①通风井　②箱式床　③地下街道
④滚轮门　⑤小教堂

直到1963年，特兰古丘村一农民灌地时，在他院子底下忽然掘出一个洞口。在其他村民的协助下，他架着梯子进入井口，通过8层过道，见到一个恍如迷宫的地下村落。这个爆炸性的新闻，引起了世界注目，从此人们开始了系统的考古发掘。

卡帕多西亚地下岩洞都有门有窗，还有些门洞离地面6米以上，要费很大的劲才能爬进去。顶部凿成圆穹，底部凿留圆柱、攻门、台阶，四面琢磨出十字架、神像、神龛、祭坛，还绘有壁画。很显然，有些洞穴是一个个玲珑的教堂，小教堂可容几十人，大教堂可容上百人。这些岩洞打通后由地道串联起来，就成了四通八达的村落。

在纯粹手工劳作的年代，没有开凿机械和运输车辆，如何从坚硬的熔岩层中掏出这么大的空间，清运出这么多土石？卡帕多西亚地下岩洞的工程绝不亚于埃及金字塔。靠什么神力完成了这个浩大的工程？规模如此庞大的地下城是什么时候建成的？是谁建造的呢？用途又是什么呢？据史料记载，在基督教早期，这一新生宗教的信徒为了寻找避难之地来到了此地。最早的一批大约在公元2世纪或3世纪，以后一直延续到拜占庭时期，也就是阿拉伯军队攻打君士坦丁堡（即今伊斯坦布尔）的时候。但反对此种说法的人提出，当时的基督教徒的确曾在这里避过难，然而他们并不是真正的建造者，在他们到来之前地下城市就已存在。那么地下城市到底是谁在什么时候修建的呢？现在仍没有明确的解释。

但有一点可以肯定，那就是这一带的地基是由凝灰岩构成的，因为附近就是火山群。从地质学角度来看，约在800万年前卡帕多西亚是火山活动的中心，后经风化侵蚀，其他松质

● 格雷梅国家公园位于土耳其安纳托利亚高原中部的火山地带中，面积为96平方千米，这里有许多火山爆发形成的溶洞以及变化万千的石林。

在卡帕多西亚，像迷宫一样的洞窟内，不但有换气用的烟囱，还有汲水的地方。洞窟里还建造了许多修道院和教堂。

灰岩被冲走，玄武岩层留了下来，形成了今日所见的岩锥、悬崖地貌。这里的地层并非"死硬"，一片玄武岩硬壳包着松软的凝灰岩。火山喷发剧烈时，也可能留下隧洞式的熔洞。只要有黑曜岩，即火石，地基就十分容易被凿空，而火山在这一地区十分常见。就这样，也许花了不过一代人的时间，地基就被掏空了。

问题是人们为什么要修建这些地下城市？为什么要躲避在地下？一个最有可能原因是由于对敌人的畏惧。那么敌人又会是谁呢？

但是在地面上，敌人肯定能看到耕种过的土地和没有人烟的房屋。而地下城市里建有厨房，炊烟通过通气井冒出地面，很容易被敌人发觉。人们都知道要把呆在地下城市里的人们饿死或者封闭通气通道将他们憋死是一件轻而易举的事。由此看来，人们恐惧的似乎不是地面上的敌人，而是能飞行的敌人。

根据闪米特人的圣书《科布拉·纳克斯特》中的记载，所罗门大帝曾经利用一只飞行器把这一地区搞得鸡犬不宁。不仅他本人，他的儿子，所有服从他的人，都曾乘坐过飞行器。阿拉伯历史学家阿里·玛斯乌迪曾描述到所罗门的飞行，并大致介绍了他的部族。当时的人类出于对飞行器现象的恐惧从而建立了大量的地下城，这是很有可能的。也许他们曾被剥削、奴役过，所以每当报警的呼喊响起来的时候，就纷纷逃进地下城市。不过这种说法也仅仅是一种推测。仅根据闪米特人的圣书中的记载，并不能让人信服。

今天的卡帕多西亚欣欣向荣，昔日的石穴有的改造为住宅，有的修整成旅馆、饭店，招揽游客。大的洞穴饭店高达6米以上，同时可容上百人进餐。依山新建的现代化旅游设施、电灯、电话与中世纪洞穴相映成趣，别有一番风味。

戈尔米石头教堂

77

"世界屋脊"
——喜马拉雅

喜马拉雅山在西藏高原的南侧，是一条近似东西走向并向南延伸的弧形山系，也是世界上最高大的山系。它分布在中国、巴基斯坦、印度、尼泊尔、锡金和不丹等国境内，其主要部分在中国和尼泊尔交接处。

关于喜马拉雅山的形成，藏族有这样一个传说：很早很早以前，这里是一片一望无垠的大海，岸边长着茂密的森林，飞禽走兽无忧无虑地在这里生活着。可是突然有一天，海里来了条长着五个头的毒龙，它捣毁了森林，正当飞禽走兽们走投无路的时候，大海的上空飘来了五朵彩云，变成五个仙女，她们来到海边施展法力，降服了五头毒龙。在众生的苦苦哀求下，五仙女同意留下来与众生共享太平之日。她们喝令大海退去，于是，东边成了茂密的森林，西边成了万顷良田，南边成了花草茂盛的花园，北边成了无边无际的牧场。最后，那五位仙女则变成了喜马拉雅山脉的五个主峰，屹立在西南部边缘之上，守卫着这幸福的乐园。为首的珠穆朗玛即是今天的世界最高峰，当地人民尊敬地称它为"神女峰"。

喜马拉雅山是世界上最年轻的山脉之一，它由许多平行的山脉组成，东西全长2450千米。由北向南分为柴斯克山、拉达克山、大喜马拉雅山、小喜马拉雅山和西瓦利克山等4带，主脉以大喜马拉雅山最为高峻。大喜马拉雅山脉通常分为三段：阿里普兰以

◎ 据说喜马拉雅的圣母峰与尼泊尔首都加德满都之间的塔罗帕冰川湖周围是雪人之乡，但至今科学界仍未把雪人视为一个物种。

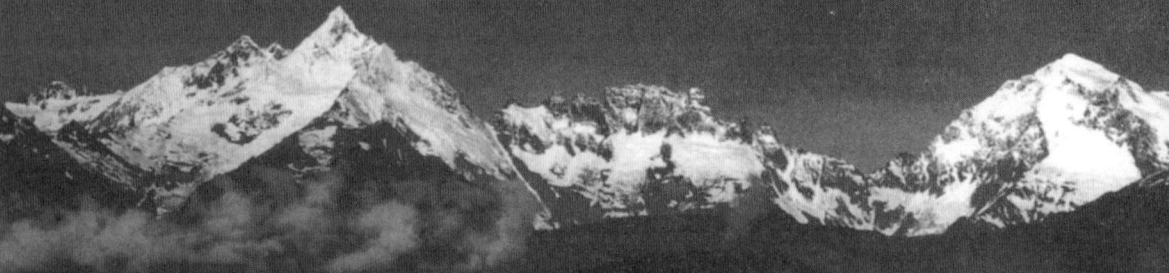

西到印度南迦帕尔巴特峰为西喜马拉雅山；普兰以东那木尼那峰到亚东绰莫拉利峰之间为中喜马拉雅山；亚东以东到雅鲁藏布江大拐弯处南迦巴瓦峰为东喜马拉雅山。大喜马拉雅山脉平均海拔在6000米以上，高峰林立，超过7000米的高峰有50多座，8000米以上的山峰有16座，世界第一高峰珠穆朗玛峰就耸立在中国和尼泊尔边境。

地质学家认为，这条山系的各山脉，是地壳隆起时把一个被称为"古地中海"的古代深海海沟里极厚的沉积岩层推出海面而形成的。

那么又是什么原始力量造成如此庞大的隆起呢？大多数地质学家认为，力量来自大陆漂移。一亿多年前，印度次大陆从非洲南部分裂出来之后，向北漂移。古地中海海沟受到印度次大陆和亚洲大陆的挤压，压皱了的沉积岩被迫从海底上升，填平以前的海道。

7000万至6500万年前印度板块与欧亚大陆板块发生大碰撞，印度板块于是向下楔入古地中海海沟。在其后3000万年间，古地中海海底被陷入的印度板块不断推起。

约3000万年前，地壳活动剧烈，造山运动的速度大为加快，喜马拉雅山脉开始急升。随着印度板块继续陷入古地中海海沟，板块顶部的岩石层层重叠，岩石这种波浪式"逆掩断层"被称为"推复体"。推复体在印度陆块上逐个往外推，最后，这些推复体都褶皱起来，把古地中海海沟填塞了250英里。

早期喜马拉雅山脉和今天的阿尔卑斯山差不多高，那么它是什么时候成为地球上最高的山脉的呢？

世界地理未解之谜

瑞士地质学家海根认为喜马拉雅山脉庞大的结晶岩石主脉不断升高，是由于印度板块的不断挤压，逼使此核心区的岩石向上升。而其他地质学家认为，结晶岩石山峰惊人上升，是地球不停走向"地壳均衡"的反应：如果地壳某处下降，另一处就会上升。

至于哪种说法更合理呢，还有待进一步考证。

◎ 从圣母峰西南极端千米的戈焦高地仰望世界最高峰，山势险峻。

寻找伊甸园

《圣经》中描绘了一个令人神往的伊甸园，那里是人类的始祖亚当和夏娃居住的乐园。据《圣经》记载，上帝创造了人类的祖先亚当、夏娃，然后在伊甸（地名，希伯来语）为他们建造了一个乐园供他们居住。那里溪流淙淙，鸟语花香。亚当和夏娃在伊甸园无忧无虑地生活着，直到他们在蛇的引诱下偷尝了禁果，被震怒的上帝逐出伊甸园，从此开始经受各种痛苦和磨难。自从《圣经》问世以后，"伊甸园"就成了地球人类生命与文明起源的象征。人类无时无刻不在寻找这个美丽的真实存在。

古人类学家和宗教界人士认为，作为伊甸园应当具备三个条件：一是人类最早的发祥地，二是有温润的环境气候，三是有远古人类文明。总之，伊甸园是人类最为理想的发祥地和居住地的象征。那么，伊甸园在哪里呢？人们探寻的目光与搜寻的脚步布满了非洲、美洲、欧洲、亚洲的高山、峡谷、平原、大海，利用现代尖端的科技手段考证历史、文物，收集大量传说，但似乎都未能够真正触及"伊甸园"的神秘踪影。

《圣经·创世纪》中曾记述，从伊甸有河水流出，分为四条支流——幼发拉底河、底格里斯河、基训河和比逊河。一些学者根据这些线索，开始探寻。但是，学者们遇到的第一个难题是，《圣经》中所说的四条河如今只剩下两条，长期以来人们一直无法确定比逊河和基训河在何处。

美国密苏里大学的扎林斯教授经过长期的考证后，提出比逊河位于沙特阿拉伯境内，只不过由于地理气候的变迁，那里现在已成为浩瀚沙漠中一条干涸的河床；基训河则是现在发源于伊朗、最终注入波斯湾的库伦河。据此，扎林斯推断，伊甸园就位于波斯湾地区四条河流的交汇处，大约在最后一次冰川纪后，由于冰川融化导致海面升高，伊甸园遂沉入波斯湾海底。如果真有所谓的伊甸园，扎林斯之说应符合逻辑，也最为接近《圣经》中对伊甸园地理环境的描绘。被古希腊人称为"美索不达米亚"的两河流域，是人类早期文明的发祥地，是最早宜于人类生息的地方。

考古学家还发现，苏美尔（今伊拉克境内的上古居民）神话与《圣

上帝用尘土造人，给他起名叫亚当，让他修理、看管伊甸园。后来又为他造了一个配偶帮助他，名叫夏娃。上帝吩咐他们园中的果子随便吃，只是善恶树上的果子不可以吃。与上帝作对的魔鬼变化成蛇诱导夏娃尝了知善恶树上的果子，夏娃又让亚当吃了。由于违犯了上帝的命令，上帝把他们逐出伊甸园。（底图）

经》故事颇有渊源，它们的造物神话都说人类是用黏土捏成的。楔形文字中也有"伊甸"和"亚当"等词，苏美尔神话中也有一片没有疾病和死亡的乐园，在那里生活着水神恩奇与地母女神宁胡尔萨格。后来，恩奇偷吃了宁胡尔萨格造出的8种珍贵植物，宁胡尔萨格一气之下离开了丈夫。不久，恩奇身体的8个部位患病，宁胡尔萨格不忍，便造出8位痊愈女神为丈夫疗伤，其中有一个名叫"宁梯"的肋骨女神，又称"生命女神"。而众所周知，《圣经》中夏娃就是上帝用亚当身上的一根肋骨造的，夏娃也是人类之母，与"生命女神"有相通之处。

关于伊甸园的推测还有不少，有人说伊甸园在以色列，有人说在埃及，有人说在土耳其，还有人说在非洲、南美、印度洋等地。一些学者认为，如果4条大河是从伊甸园中流出的，那么伊甸园的位置肯定在幼发拉底斯河和底格里斯河文明的北面。因此，他们认定这块神秘的乐土是在土耳其北部的亚美尼亚。不过这一理论假设比逊河和基训河不是确切的地理河流，因此只是对遥远国度的一种含糊的描写。

还有一些学者则认为伊甸园是在以色列，约旦河流入伊甸园后又分为4条支流，基训河很可能就是尼罗河，而哈维拉就是阿拉伯半岛。这一理论的某些支持者宣称耶路撒冷的莫利亚山就是伊甸园的中心，伊甸园的范围包括整个耶路撒冷、巴斯利姆和奥利维特山。

而支持伊甸园位于埃及的学者宣称，只有尼罗河流域才符合《创世记》对伊甸园的描绘——这是一片水源丰富的乐土，但是水不是来自天上，而是从大地中冒出的水雾。事实上，尼罗河在到达第一处瀑布之前，确实是在地底下流淌的，然后才从泉眼里流出地面。

近些年来，学者们又几乎不约而同地把目光集中到地球东方的中国，因为中国是世界上保持了数千年文明历史而没有中断的古国。

对伊甸园的寻觅，是人类对自身从何而来充满好奇心的探究，反映了人类对始祖的一种认同感和亲和力。应该说，在崇尚科学的今天，"创世纪"说早已让位于"生物进化论"。然而，有关伊甸园、亚当和夏娃等的话题仍频频被提起。伊甸园究竟有没有，到底在哪里都不重要。重要的是，伊甸园已成为人类心灵栖息地和精神图腾的代名词，可以肯定，对伊甸园的追寻还会继续进行下去，有关伊甸园的话题也将长久地与人类如影相随。

撒哈拉绿洲是如何变成⋯
神异巨制———沙漠岩画
阿苏伊尔幽⋯
东非大裂谷

非洲篇

FEIZHOU PIAN

撒哈拉绿洲是如何变成沙漠的

◉ 这幅古代洞穴壁画描绘了非洲阿尔及利亚高原的牧牛情景,生动地再现了撒哈拉沙漠曾有的勃勃生机。

撒哈拉沙漠位于非洲北部,西自大西洋,东进尼罗河,北起阿特拉斯山麓,南至苏丹,从大西洋到红海,撒哈拉沙漠横贯整个北非,东西绵延近5000千米,南北纵深近2000千米,横跨阿尔及利亚、摩洛哥、埃及等11国国境,是地球上最大的沙漠。撒哈拉地表起伏平缓,一般海拔在250米～500米之间,地面主要是戈壁、流沙或沙丘,沙漠中还分布着一些间歇性河谷。整个环境异常干热,植物贫乏,动物也很稀少。自从人类有文字以来,撒哈拉这个词就意味着干旱、饥渴和死亡。但有谁会相信,它过去的名字应该叫撒哈拉绿洲。从绿洲到沙漠,如此巨大的变化是如何发生的呢?

位于撒哈拉大沙漠中部的两座山脉——阿哈加尔和提贝提斯,由于常常受到暴风的袭击,加上昼夜温差很大,山上的石头有不少成了岌岌可危的石桥和迷宫似的石窟。起初,人们并未注意这些石窟有什么特别之处。后来在一次科学考察中,考古学家在这些石窟山洞里发现了原始人类的岩画。这些岩画早期的和后期的有很大区别,早期的是石刻的,后期的则是用黄褐色的泥土画上去的。

那些岩画反映的当时人们的生活情景,使发现者吃惊,人们居然在岩画中发现有很多的马。一些学者由此推测撒哈拉在几千年前是大草原,因为在大批马生存的自然环境中,草和水是不可缺少的。此外,岩画中还包括很多形象生动、神态逼真的水牛、鸵鸟、大象、羚羊、长颈鹿等动物。于是,人们认为大约在6000多年前,撒哈拉曾处于高温和多雨期,以塔西利台地为起点,南到基多湖畔,北到突尼斯洼地,构成了庞

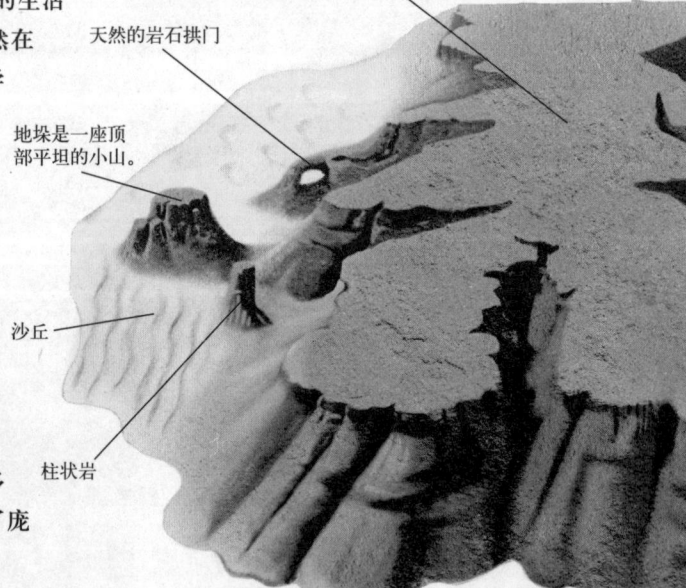

顶部平坦、边坡陡峭的一大块地区,称为平顶山。

天然的岩石拱门

地垛是一座顶部平坦的小山。

沙丘

柱状岩

84

大的西北水陆网。台地在多雨期出现了许多积水池，沿着这些积水池，便繁殖起来了各种各样的动植物，撒哈拉文化也因此得到了高度的发展，并曾昌盛一时。

通过对岩画的研究，人们还发现只有在极少数的地区有有关骆驼的岩画。从碳14的测定中可以看出，在前期岩画中还没出现骆驼的形象，都是后期的作品中才有骆驼的形象的。据此，一些学者认为，在公元前5000年至前3500年左右，撒哈拉居住着许多狩猎或游牧部落，随着气候的变化，撒哈拉成为沙漠后，约在公元前400年至前300年左右，骆驼才从西亚来到这里。

自古以来，撒哈拉这个枯寂的大自然，便拒绝人们生存于其中。风声、沙动，支配着这个壮观的世界，绿洲的出现，往往是沙漠旅行者最渴望的乐园。

有地理学家认为，曾经的绿洲变成沙漠是自然条件变化的结果。因为这一地带气候极其干燥，日照时间特别长，最热的几个月中平均温度超过30℃，地表温度更是高达70℃。此外，这里还受到一股叫"哈马丹"的东北风的影响。这种风终年不停，一吹整个地区就天昏地暗、飞沙走石，再好的植被也会被扫荡一空，无法留存。

生态学家则认为，这片土地自古以来自然条件就很恶劣，一直经受着太阳的暴晒和季风的侵扰。之所以会有绿洲变沙漠的结果，是因为人类自身的活动所致。据分析，这里的人们犯了一个难以挽回的错误：在当时的农牧社会里，为了发展经济和战胜敌人，人口的增加越来越必要。随着人口的增多，田地变广了，牲畜也变多了，渐渐地绿色原野就无法负荷了。土地—植物—动物—人类这根生命的链条一旦断裂，便会完全崩溃于自然灾害的肆虐中。

撒哈拉沙漠形成的过程给我们这样一个启示：在自然－社会－文化生态系统中，人类的发展必须适应环境的变化，必须用生态的理念去帮助它朝积极的方向发展。

洪水急速流过到处是泥、沙的地面，在沙漠的表面开凿出条条深沟。

— 山脊

— 碎石坡

— 冰水沉积扇

沙漠有很多种，有的是起伏不平的沙海，有的是广阔多石的平原，有的是四处布满碎石的山区。有的沙漠非常炎热，有的沙漠又极其寒冷。

神异巨制
——沙漠岩画

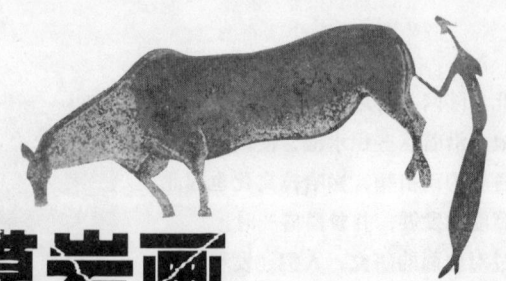

在世界文明发源地之一的非洲有许多史前原始岩画，这些岩画精美绝伦，分布极为广泛，约有十多个国家，如阿尔及利亚、埃塞俄比亚、埃及、莫桑比克、肯尼亚等都有这种原始的艺术作品保留下来，而且数量非常多，流传也很广。

这些岩画有相当复杂的表现形式和手法，还有丰富多彩的内容。粗犷朴实的笔画使用的是水混合台地上的红岩石磨成的粉末冷制而成的颜料，由于颜料中的水分能充分渗入岩壁内，长久接触后发生化学变化，使颜料溶进岩壁。因而很多年后，画面依然鲜艳夺目。

早在1721年，一个葡萄牙人旅游团从委内瑞拉出发到莫桑比克旅游观光，一个旅游团成员偶然在岩壁上发现了一幅画着动物的岩画。随后人们又发现了位于阿尔及利亚东部的巨大的颜料库，它位于撒哈拉沙漠中的恩阿哲尔山脉，这条山脉长800千米，宽50～60千米，岩画的主要颜料就是那里蕴藏着的丰富的红砂土矿藏。1956年，一个法国探险队在这片广阔的山区里竟发现了1万多幅作品。

科学家们根据这些岩画所反映的内容，推断撒哈拉地区以前并不是沙漠，这里曾生存着一群生活在旧石器时代和新石器时代的人们，他们的谋生手段是猎取大型水栖动物，也放牧羊群。大量考古资料证实，公元前8000年至前2000年，在地质学上是非洲寒武纪的潮湿期，那时撒哈拉地区并不是沙漠，而是一片布满热带植物的草原，这种草原正适合狩猎。

非洲原始岩画中，有许多神秘的人物形象，有的是手持长矛、圆盾的武士，他们乘坐战车迅猛飞驰，仿佛雄伟的战士；有的场面则是人们射击野鹿和狩猎野牛，他们手持弓箭，个

◎ 沙漠岩画经历了四个时期，最早的是"狩猎时代"，画的是撒哈拉仍在草原绿色时的情景。稍后开始畜牧，进入"牛的时代"，画的是平原放牧情景。后来沙漠化开始，绘画主题变化，进入"马的时代"，骑马种族追逐住在岩场处的敌人。随着沙漠化加剧，骆驼替代了马，进入"骆驼时代"。

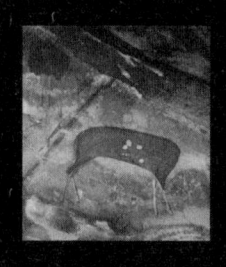

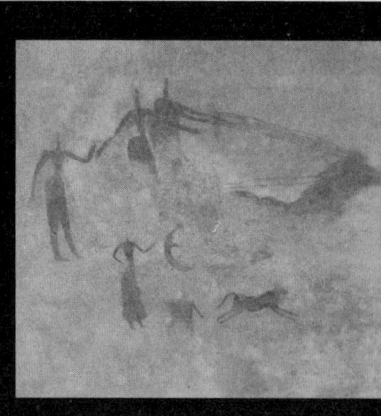

个身材魁梧。科学家们由此得出以下结论：当时战争频繁，甚至成为了人们的职业，而在经济中占突出地位的是狩猎。画面上有些人戴着小帽子，身缠腰布；有些作出敲击乐器的样子；有些作出贡献物品的样子，仿佛是描述祭神的画面。其中还有画着巨大圆脑袋的人像，他们的服饰非常厚重笨拙，除了两只眼睛，脸上什么也没有，而且表情呆滞。人类发明了宇宙飞船以后才明白这些画面的意思，现在的宇航员穿上宇航服、戴上帽子后，与那些圆头人像有着惊人的相似。

◎ 人像

岩画中的人像头戴着圆盔，不仅整个头部被圆盔完全包了起来，而且圆盔还与身上穿的服装紧紧地连接在一起，整个人像与现在的宇航员穿好全套宇航服后的模样，几乎一模一样。

究竟是谁创作的非洲原始岩画呢？许多人认为是当地的土著布须曼人创作的。布须曼人的文化中心正是撒哈拉地区，在这个中心地区发现的许多岩画都可以证明这一点。北边的塔西里，南边的非洲中部及南部，东边的埃及的岩画都是从这个中心地区传播出去的。

而一些欧洲学者则坚持认为外来文化的传播创造了非洲史前岩画，有的干脆说非洲史前岩画是欧洲史前岩画的复制品。他们认为首批欧洲移民尼安德特人在公元前5万年左右来到非洲，大批克罗马侬人在4000年后移居非洲，他们是欧洲史前岩画的创造者，是他们把岩画带到了非洲。

但不少专家指出，岩画中表现了非洲一些部族的人种特征，例如非洲人一般都是高耸臀部，这是欧洲史前岩画中不可能有的。非洲岩画究竟是天外来客的随心之作，还是非洲土著布须曼人的智慧结晶，或是欧洲史前岩画的复制品？现在仍然众说纷纭。然而非洲岩画的发现对世界原始文化研究有着重要的意义，它能使我们了解、考察非洲原始部族的生活与社会形态，这一点是毋庸置疑的。

而在所有的非洲原始岩画中，撒哈拉大沙漠的壁画尤为壮观。

● 撒哈拉沙漠化后，岩画开始出现线刻的骆驼图像，多概括的几何图案。

那些充满神秘色彩的沙漠壁画是德国探险家巴尔斯于1850年在撒哈拉考察时无意中发现的，有鸵鸟、水牛及各式各样的人物像。由于缺乏考古知识，当时这些壁画并没有引起他的重视。

23年后科学家专门对这些壁画进行了考察，结果发现在画中记述的都是1万年以前的景象。

后来，在撒哈拉大沙漠中部的塔西利台地恩阿哲尔高原上人们又偶然发现了一处巨大的壁画群落。这个壁画群落长达数千米，全都绘在岩阴上，上面刻画了远古人们的生活情景，五颜六色、色彩雅致。亨利·罗特于1956年率法国探险队进入沙漠，第二年，他们回到巴黎，带回面积约11.6万平方英尺的壁画复制品及照片，成为当时轰动世界的考古新闻。

在沙漠中还发掘出许多的村落遗址，它们都是新石器时代的人类遗址。从发掘出的大量文物来看，撒哈拉在距今1万年至4000多年间是一个草木茂盛的绿洲。当时在这里劳动、生息、繁衍的部落和民族，创造了高度发达的文化，磨光石器的广泛流行和陶器的制造是其主要特征。当时的文化已发展到相当高的水平，从壁画中的撒哈拉文字和提斐那文字可以看出这一点。

壁画中绘有很多的马匹，还有形象生动、神态逼真的鸵鸟、大象、羚羊、长颈鹿等，甚至有描绘水牛形象的壁画。科学家断言，以塔西利台地为起点，南到基多湖畔，北到突尼斯洼地，构成了撒哈拉地区庞大的西北水路网。台地在多雨期出现了许多积水池，沿着这些积水池，繁殖出各种各样的动植物，撒哈拉文化得到高度发展，昌盛一时。

人们同时发现，只有极少数地区才有关于骆驼的壁画，而且这些骆驼形象的壁画都属于非洲岩画的后期作品。

据推测，大约在公元前400年至前300年左右，撒哈拉成为沙漠，骆驼才从西亚来到这里，罗马共和

国的疆土扩张时期也在此时。根据壁画内容可以推测当时人们很可能喜欢在战争、狩猎、舞蹈和祭祀前后在岩壁上画画，用画来鼓舞情绪，或者表达对生活的热爱。这些画生活气息非常浓郁，非洲人民勤劳勇敢、乐观豪迈的民族性格和鲜明的地方特色得到了充分的体现。

◉ 这幅画表现的是被放牧的牛群，描述的是一种比较完善的、以畜牧业为基础的生活方式。

正如前文所说，另外一些学者以人种学为研究方向，认定并非由非洲本土的布须曼人绘制了岩画，其中之一的根据是布须曼人对透视法一无所知，而非洲岩画中却充分运用了这一技法。在西班牙东部、北非、撒哈拉、埃及等地区岩画之间的相似之处，一些考古学家推测在遥远年代，从地中海有一群人漂泊到好望角去了，当他们漫游到撒哈拉及东非大平原时，那里是一片充满生机的绿洲，正是他们理想的狩猎区和栖息的家园，而后他们停留在山区高原，在那里创作了许多最早的非洲岩画，他们就成为最早的狩猎者以及狩猎艺术家。

然而这些只是他们的主观猜测和臆想，毫无根据可言。至于说岩画不是布须曼人的作品，原因是他们不懂透视法则更显得荒谬。因为即使说后来的布须曼人不懂岩画知识和技巧，也并不代表那些已灭绝的布须曼人不懂。这种知识与技巧只有极少数人才能掌握，而且传授方法非常神秘，所以后来的布须曼

◉ 撒哈拉岩画最集中的地方是在塔西里，在阿拉伯语里塔西里是"有水流的台地"的意思，但现在河流没有了，完全干涸了，这个山地中遗存有大量的史前岩画，都是撒哈拉沙漠化之前，仍处于湿润时期的作品。

人看不懂前人所画的岩画并不足为奇。何况因年深日久不少岩画已模糊不清,后来者也难以辨认了,以人种学观点为依据是一种种族偏见,缺乏足够的说服力。

还有个别学者认为很难弄清岩画究竟是非洲本土的古老艺术还是外界文化的辐射,而且他们认为任何伟大艺术都是国际性的,没有必要把任何艺术都贴上民族的标签,这种工作是毫无意义的。如同世界其他地区的画廊一样,非洲文化也兼容诸多民族及其原始宗教派别的艺术。尽管这种泛论并不能让所有的人满意,但它提供的认识非洲岩画出处的思路仍有可取之处。

撒哈拉大沙漠的岩画究竟是谁绘制的呢?这至今仍是一个未解之谜,如果能找到答案,将会对人类更全面地认识撒哈拉大沙漠的史前文明和发展历程有不小的帮助。

◉ 鳄鱼母子

◉ 羚羊与人
大羚羊的形象较为写实,造型准确,姿态优美,而人物形象则采用了夸张手法,图案性较强,富有节奏感。

阿苏伊尔幽谷中的谜团

阿苏伊尔幽谷位于阿尔及利亚的朱尔朱拉山的峡谷中,是非洲最深的一个大峡谷。可是,该峡谷到底有多深,人们从来就没有探查清楚。至于该谷底到底是什么样,就更没有办法知道了。阿苏伊尔幽谷以其神秘和深邃吸引了无数勇敢的探险者来探寻它的奥秘。

1947年,阿尔及利亚和一些外国专家试图探明阿苏伊尔幽谷的深度,他们组成了一支联合探险队,第一个勇敢者是一个身强力壮又有丰富经验的探险队员。他系好标有深度标记的保险绳,朝着幽谷下边看了一眼,就顺着陡峭的山崖一步一步地滑了下去。

时间一分一分地过去了,保险绳上的标记也在100米、300米、500米地往下移动着。探险队员一步一步下到505米的时候,他觉得身体有点不舒服,可仍然没有看到谷底,他怀着恐惧的心情拉了拉保险绳,上边的探险队员赶紧把他拉了上来。

◎ 阿苏伊尔幽谷的深度无人知晓,因为阿苏伊尔幽谷真可谓是万丈深渊。历来人们为了探寻阿苏伊尔幽谷的深度,绞尽脑汁,但在现在的科学水平上想要探明阿苏伊尔幽谷的深度似乎还为时过早。

世界地理未解之谜

这次探险活动就这样结束了,可是阿苏伊尔幽谷对人们来说还是一个谜。

此后,不同的考察队纷纷赴阿苏伊尔幽谷进行考察,但都没有什么结果。直到1982年,对阿苏伊尔幽谷的考察才有了新的进展。

1982年,阿苏伊尔幽谷又迎来了一支考察队。第一个队员下到810米深的时候,说什么也不敢再往下走了,只好爬了上来。这时候,另一个经常和山洞打交道的有经验的队员已经系好保险绳。

保险绳上的标志已经移到了800米、810米、820米,最后达到了821米。山顶上的人们不禁为这个队员捏了一把汗:现在,他的情况怎么样了?离谷底还有多远呀?他在干什么呢?

其实,那个洞穴专家沿着刀削斧凿般的峭壁一步一步下到821米深度的时候,突然出现了一种莫名其妙的恐惧,他深深地吸了一口气,稍微休息了一下,却发现自己连朝谷底深处看一眼的勇气也没有了。于是,这一次的探险活动也结束了。

阿苏伊尔幽谷探险家们所创下的最高纪录就是821米。至今无人知晓阿苏伊尔幽谷究竟有多深,那神秘的谷底到底有些什么东西。

尽管目前阿苏伊尔幽谷对人们来说还是一个未知领域,但它仍将继续吸引着探险家们,也许在不久的将来这个谜团就会被解开。

> 裂谷带附近，地壳运动十分活跃，火山林立，地震时有发生。图为东非大裂谷穿过埃塞俄比亚高原中部。

东非大裂谷的未来

从北面的叙利亚到南面的莫桑比克，东非大裂谷穿越20个国家，延绵6700多千米，差不多是地球圆周的1/5。这道裂口宽达100多千米，从周围高原到谷底的峭壁高达450到800米。东非大裂谷气势宏伟，景色壮观，是世界上最大的裂谷带，有人形象地将其称为"地球表皮上的一条大伤痕"。

东非大裂谷其实并不是谷，因为在整条裂谷中，既有崇山，也有高原，而且在伊所比亚南部更分成两支，直到坦桑尼亚与乌干达边界的维多利亚湖地区才重合起来。在这个地球上最长而不间断的裂口内，可以找到地球的最低点、世界最高的火山、地球上最大的湖泊。

东非大裂谷起自叙利亚，形成约旦河谷与死海。死海海面比平均海平面低400米，是各大洲中的最低点。这个地区气温很高，水分迅速蒸发，含盐量约为30%，是海水的10倍，就是不会游泳的人也能轻易浮在水面上。

距东非大裂谷起始点约800千米处，海水侵入，这道口子沿着亚喀巴湾和红海延伸，到伊索比亚宽阔的扇形达纳基勒洼地才转入非洲大陆。这片平原曾被盐度与死海相当的盐水淹没过，有些部分在海平面150多米以下。所有水蒸发后，留下了一层盐层，有些西方有5000米厚。

在沿东非大裂谷形成的湖泊中，坦噶尼喀湖、马拉维湖和维多利亚等淡水湖泊由于四周有干旱荒漠阻隔，湖水里生活着数百种其他地方没有的鱼。

三个湖中最浅的维多利亚深100米，这个湖也是形成最晚的，只有近75万年的历史。此湖形成时，西面的土地隆起，把数条河流的河道截断，结果河道加深加宽，成为小湖。维多利亚湖本身也经历变迁，在泛滥时会把原来与外界隔绝水体中的生物接收过来，在干旱期，湖中生物又会回复与世隔绝的生活。

形成裂谷的地方都位于地壳的"热点"上，温差与密度的差别令熔岩升向地壳表面，沿着裂谷的轴线火山活动频繁。非洲大陆上的最高峰——乞力马扎罗山与肯亚山就在裂谷的轴线上，第三大火山坦桑尼亚北部的恩戈罗山已坍塌的火山口成为非洲最佳野生动物保护区，火山口内有一个天然灌溉系统，全年水分充足。西面的塞伦盖蒂平原可容下比恩戈罗多一百倍的动物，但生活在这的200多万头动物，在干旱季节则要迁徙到有水草的地方。

古往今来，东非大裂谷一直引人注目；当今世界，东非大裂谷的未来命运，更是举世关注。

美国地理学家约翰·乔治，曾在1893年对裂谷进行了5个星期的实地调查。他推测：东非裂谷不是由河流冲刷而成，而是因为地壳下沉，形成了一个两边峭壁相夹的沟谷凹地。现在越来越多的科学家试图通过勘测东非大裂谷，寻找板块分离的答案。大陆漂移说和板块构造说的拥护者在研究肯尼亚裂谷带时注意到，两侧断层和火山岩的年龄，随着离开裂谷轴部的距离的增加而不断增大，从而他们认为这里是一起大陆扩张的中心。2003年1月，来自美国、欧洲国家和埃塞俄比亚的72位科学家按计划分别抵达了埃塞俄比亚的各个地点，他们将协作完成非洲历史上最大的地震勘测。科学家们推测，火山活动频繁的东非大裂谷的"伤口"将越来越大，最终将变成海洋。

但是，反对板块理论的人则认为这些都是危言耸听。他们认为大陆和大洋的相对位置无论过去和将来都不会有重大改变，地壳活动主要是作上下的垂直运动，裂谷不过是目前的沉降区而已，将来它也可能转向上升运动，隆起成高山而不是沉降为大洋。

东非大裂谷未来的命运究竟如何，人类只有拭目以待。

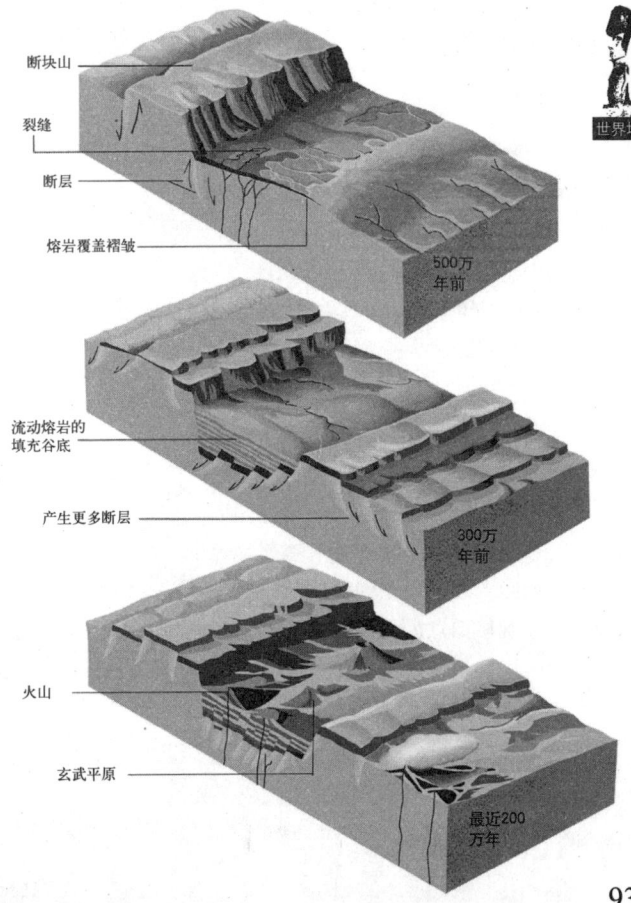

◉ 东非大裂谷的形成
东非大裂谷是地壳撕裂、大陆扩张运动的结果，至今裂谷每年离开轴部的距离仍在不断增加。

骷髅海岸之谜

> 纳米布沙漠长有一种名叫"千岁兰"的植物。这种植物是一种十分古老的物种,能存活2000年,可长到3米高,所需的水分是从两片皮革般的带状叶子吸入的。

纳米布沙漠是世界上最古老、最干燥的沙漠之一。它起于安哥拉和纳米比亚的边界,止于奥兰治河,沿非洲西南大西洋海岸延伸2100千米。纳米布沙漠被凯塞布干河分成两个部分,南面是一片浩瀚的沙海,北面是多岩的砾石平原,沿斯凯利顿海岸一带的海洋汹涌险恶。这里是世界上唯一沙漠(纳米布沙漠)与海洋(大西洋)相连处,充满了诡异恐怖色彩的骷髅海岸就在南纬15°到20°之间的纳米比亚西海岸,这段海域因为南极洋流与大西洋洋流相遇,称为"西风漂流"地带。这条500千米长的海岸备受烈日的煎熬,沿岸的年降雨量不到25毫米,湿度来自夜间所形成的露水以及每隔10天左右夜间吹入海岸的雾霭,它们有时深入内陆达50千米。8000万年以来,寒冷干燥的风从海洋吹来,在海岸边堆积起巨大的沙丘。每15年一次,奎士布河的威力足以使沙子全部被冲到大西洋海岸,而来自西南方向的海浪再把沙子堆上海岸。这种沿岸的冲积过程可能持续上千年,沙粒被不停地在沙滩上冲来冲去。在海浪下面,沙子堆积成巨大的水下沙坝,加上强劲的海风和频繁出现的大雾,使这里变成了危险的水域。几个世纪以来,无数的船只只要到了这里,就会难逃死亡的厄运。

因失事而破裂的船只残骸,杂乱无章地散落在古老的纳米布沙漠和大西洋冷水域之间的海岸线上。葡萄牙海员把纳米布这条绵延的海岸线称为"地狱海岸",也有人把它叫作骷髅海岸。

骷髅海岸从大西洋向东北一直延伸到内陆的沙砾平原,从空中看下去,是一大片褶痕斑驳的金色沙丘。由于长期以来风力的作用,海岸沙丘的岩

石被刻蚀得奇形怪状，犹如妖怪幽灵，从荒凉的地面显现出来。南风从远处的海吹上岸来，布须曼人称这种风为"苏乌帕瓦"。"苏乌帕瓦"吹来时，沙丘表面向下塌陷，沙粒彼此剧烈摩擦，发出隆隆的呼啸声，交织成一首奇特的交响乐，就像献给那些遭遇海难的海员，以及在迷茫的沙暴中迷路的冒险家的挽歌。

纳米比亚自然资源非常丰富，素为西方殖民主义国家觊觎垂涎。19世纪德国人大举入侵纳米比亚，但从未占领骷髅海岸。骷髅海岸是水手的墓地，无数的船只迷失在这里的浓雾和狂暴的海水中。据说一支德国部队进入骷髅海岸，却因为迷失方向而全军覆灭。一些外国船队也企图在这里登陆，由于浪高滩险，大多船只都触礁沉没。

1933年，一位瑞士飞行员诺尔从开普敦飞往伦敦时，飞机失事，坠落在这个海岸附近。有一位记者指出他的尸骨终有一天会在"骷髅海岸"找到，可是诺尔的遗体一直没有被发现。

1942年，英国货船"邓尼丁星"号在库内内河以南40千米处触礁沉没，21位乘客包括3个婴孩，以及42名男船员侥幸乘坐汽艇登上了岸。那次救援共派出了两支陆路探险家，从纳米比亚的温德胡克出发，还出动了3架本图拉轰炸机和几艘轮船。其中一艘救援船触礁，3名船员遇难。这次救援用了近4个星期的时间才找到所有遇难者的尸体和生还船员，并把他们安全地送回。

1943年，在这个海岸沙滩上发现13具无头骸骨横卧在一起，其中有一具是儿童骸骨；不远处有一块风雨剥蚀的石板，上面有一段写于1860年的话："我正向北走，前往60英里外的一条河边。如有人看到这段话，照我说的方向走，神会帮助他。"但至今仍没有人知道遇难者是谁，也不知道他们为什么暴尸海岸。

骷髅海滩四下望去，满目萧疏荒凉，这片海岸上的一切都不同寻常。

世界地理未解之谜

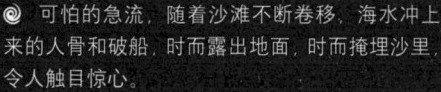
可怕的急流，随着沙滩不断卷移，海水冲上来的人骨和破船，时而露出地面，时而掩埋沙里，令人触目惊心。

欧洲篇
OUZHOU PIAN

踩在"火球"上的冰岛

在这座遗世独立的岛屿上，拥有冰河、冻原、火山、熔岩沙漠等，极冷的冰与极热的火在这犹如世界尽头的土地上共存共荣，交会出精彩的冰火奇景。

冰岛意为"冰冻的陆地"，位于格陵兰岛和挪威中间，靠近北极圈，为欧洲第二大岛。这个岛国约有75%是海拔400米以上的高原，其余为平原低地。被冰雪覆盖的面积约占全国面积的13%，境内有许多冰川，其中东部的瓦特纳冰川是欧洲最大的冰川。冰岛不但寒冷多雪，还是世界上火山活动最活跃的地区。因此，冰岛又被人们称为"冰与火共存的海岛"。

关于冰岛有这样一个传说，曾经有一位巨人站在北大西洋这个海岛南岸的一个高海岬上，一动不动地监视海面，提防北欧海盗入侵抢掠。今天，往日的海岬已经变成岛内的一个山峰，位于维拉杰迪附近，当时淹在南岸海底的岩石陆架在火山活动作用下，也已升出水面，大大增加了海岛的面积。

公元7世纪时，爱尔兰僧侣最早抵达冰岛，他们视此为隐修之地，一直到9世纪初期。传统上，公元874年~930年之间被定义为冰岛的"垦殖期"，当时斯堪的那维亚半岛上的政治动荡，迫使许多北欧人向西流亡。最先来此垦殖的是挪威人，他们于公元874年安身于一个有温泉热气的地方，他们给它起名为雷克雅维克，意为"烟笼湾"，就是现在冰岛的首府。

冰岛地形特殊，虽然国名为"冰"岛，岛上却有200多座火山，几乎整个国家都建立在火山岩石上，大部分土地不能开垦，是世界温泉最多的国家，所以被称为冰火之国。大自然的伟大力量在冰岛呈现出温柔、粗犷、奇特、怪异、虚幻、甚至残酷、无奈，在这个岛上可以领略到冰川、热泉、间歇泉、活火山、冰帽、苔原、冰原、雪峰、火山岩荒漠及瀑布。冰岛地质与洋底相似，其基岩以玄武岩和火山岩屑为主。大陆的基岩上还有一层花岗岩，但冰岛却基本没有。冰岛目前的岩石，大部分早在6000万到4000万年前凝固而成。由于冰岛长期有火山活动，化石极为稀少，所以鉴定地质年代差不多只限于利用岩石中所含的放射性同位素。

冰岛的 200 多座火山中，有 30 多座为活火山，史上曾记载的爆发次数就多达 150 多次。冰岛位于大西洋的海沟上，每次海沟扩张，都会引发火山爆发和地震。18 世纪时，频繁的火山爆发毁坏了冰岛 1/4 的土地，让冰岛人多年看不到太阳。近年来，科学家通过红外线探测器已找出 5 个地温上升的地区，表示可能有火山爆发的危险。自从公元 12 世纪以来，冰岛最有名的火山——赫克拉峰每个世纪都约有两次大爆发。

1947 年，赫克拉峰开始了最猛烈的一次爆发，整个地区的天色变为一片昏暗，风把一些火山渣和火山灰吹到冰岛以东 1000 英里外的斯堪的纳维亚半岛。熔岩一股一股地从峰顶的火山口流出，一直流了一年多。熔岩停止流出后，加上新喷出的岩层，赫克拉峰的火山锥加高了 450 英尺。第二年春天，火山爆发停止后，深厚的火山气还继续沿山坡流下，凝聚在附近的山谷中，导致放牧的牲畜常被薰死。

位于冰岛南端的威斯特曼群岛，大约 1 万年前在火山喷发后，它们才从北大西洋海底升起成为今天的样子。威斯特曼群岛由 16 个小岛组成，其中最大的一个叫海姆依岛，在冰岛语里是"故乡的岛"的意思。海姆依岛碧波环绕，山峦叠嶂，绿草如茵。但海姆依岛上的两座活火山随时有爆发的危险，埋在冰层底下的火山，一旦苏醒，则掀开冰盖，将大量冰块喷发出来，造成奇特的喷冰现象。1973 年火山突然爆发，四处曼延的岩浆和直冲云霄的火山灰，毁了岛上 1/3 的村落，湮没了数百幢民宅。但面对随时可能爆发的活火山，当地人却并没有表现出恐惧和逃避，他们依然安居乐业，生活得悠闲自在。同时，火山也成为海姆依岛最吸引人的景观之一，游客们来此不仅是为了欣赏当地的美景，还盼望能探寻当地奇特的火山地貌，体会与火山为伴的感受。

为了降低火山喷发的危险，科学家们一直在对冰岛进行密切观测，哪一天火神会发威呢？

● 无尽的冰原，生猛活跃的火山，构筑了这一块介于欧洲与北美洲之间的岛屿，一片冰与火的交会地带。

神奇的麦田怪圈

20世纪70年代末，英国威尔特郡的农民在成熟的玉米和小麦地里收割庄稼的时候，发现许多庄稼遭到了破坏。从高处看，很多庄稼倒伏，并呈现出有规则的和对称的圆圈现象。

经新闻媒体报道后，英国麦田的怪圈引起了很多人的兴趣，到威尔特郡考察观光的游人络绎不绝。但是，因为这种奇观仅仅在收获季节前的几周内出现，而且是在尚未收获的田地里，所以并不是每一个到威尔特郡的人都能看到这种奇观。

科学家根据观察到的现象猜测，可能是一股小的台风导致了这一奇观。但后来却出现了包括三角形在内的其他几何图案，而小旋风的涡旋只能形成圆圈，因此，这个谜团又笼罩上了一层迷雾。这个据说容易出现外星人削平庄稼的地方竟然成了旅游热点，农田主也趁机向来参观的游客收取费用，发了一笔小财。但是这种奇异的现象到底是怎么发生的呢？热衷于此的人对此仍然好奇不已。此后不久，在英国汉普郡的奇尔博尔顿天文台附近的麦田里，人们再次发现了两个图案。其中之一是一个如同电影里常常虚拟的外星人形象的脸形，另一个是人类 1974 年 11 月向 M13 球状星云发射的信息修改后的图案。

自此以后，每年都有麦田怪圈在世界各地被发现，并且地域逐年扩大，形状逐年复杂，数量也逐年增多。

2000 年 6 月 24 日，一家名为"公众"的俄罗斯电视台插放了一组画面，显示发生在俄罗斯南部斯塔夫洛波尔地区的一块成熟的大麦田里的 4 个有规则的对称的圆圈，似乎有人以顺时针的方向把圆圈中的庄稼削平。这 4 个圆圈中最大的直径长达 20 米，其余 3 个的直径分别为 3～5 米。有一个深 20 厘米的土洞，位于最大的圆圈的中心处，洞面光滑。这块农田的主人在发现这些圆圈之后，把情况向斯塔夫洛波尔地区安全部门报告，并请他们来调查是哪个"流氓"破坏了他的庄稼。

安全官员排除了是人力所为的可能，但是在现场也没有发现任何化学物质和辐射现象。这样，他们就猜测这个麦田怪圈是外星人造成的，而且推测"他们可能使用了与人类不同的

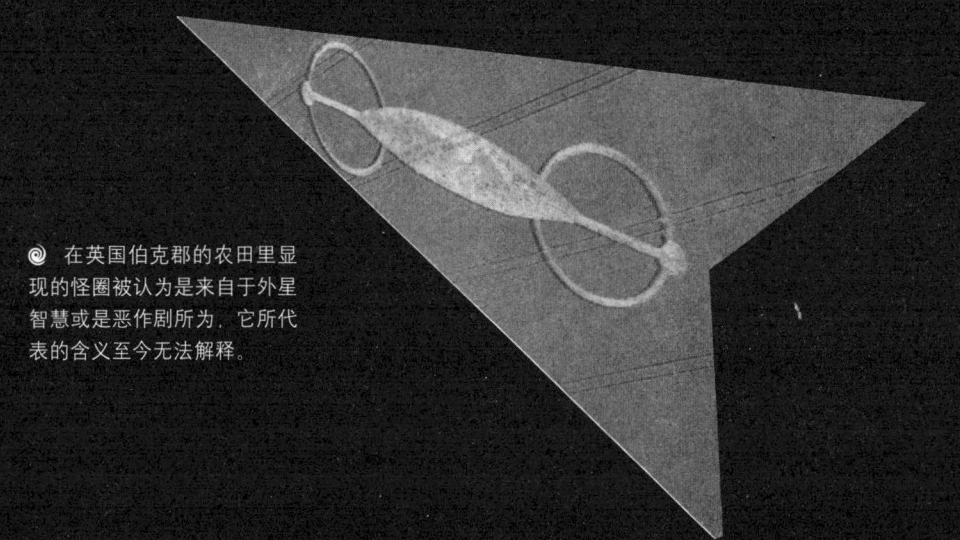

● 在英国伯克郡的农田里显现的怪圈被认为是来自于外星智慧或是恶作剧所为，它所代表的含义至今无法解释。

起飞和着陆原理"。而当地的一些居民也声称，他们曾经看见了所谓的外星人降落。据说这些外星人从降落到重新起飞离去只用了几秒钟时间，那么，外星人制造的那个深 20 厘米的土洞又是干什么用的呢？"公众"电视台将此解释为这是外星人用来"土壤取样"的。可是那个农田主对这种解释没有兴趣，他不明白外星人为什么偏偏对他的这块田地的土壤感兴趣，在这里取样，使他白白损失了好多庄稼。

在美国也出现过类似的麦田怪圈，2002 年的一天，农场工人克里根正准备为大豆农田除虫刈草时，他发现在几英亩的大豆田里，出现了一个巨大而奇怪的几何图形，图形所在地的大豆秧苗不翼而飞，土壤平整得就好像那些地方从来没长过大豆一样。站在地面上，也许还不是很容易看得清"奇怪图形"的全貌，但是从高处看，可以很清楚地看到"奇怪图形"有一个圆心，围绕着圆心共有五道不规则的圆环，并且在最外圈的圆环上，伸出一个巨大的钩子，整个图形非常类似在英国农田里发现的麦田怪圈。

● 1980年英格兰西部出现的倒伏麦田怪圈，在这之前经常有人说在空中看见不明飞行物。

这些麦田怪圈究竟是怎样形成的呢？这成了世界各国科学家和相关媒体关注的话题，并提出了各种推断和假说。大致可以分为两类：一种认为是大自然的杰作，一种则说是外星人所为。

支持前种说法的大都是考古学家、气象学家、物理学家、地质学家、动物学家和农学家等等。

一些考古学家认为：可能在怪圈生成的地下埋藏有石器时代的圆形巨石建筑，或是青铜器时代的埋葬品呈圆形分布。这些地下的埋葬品和建筑可能影响到土壤结构，因而农作物也做出特定的反应。气象学家则提出：大量尘埃包含在陆地上生成的小型龙卷风中，在风的作用下，尘埃与空气剧烈摩擦产生静电荷。神秘的怪圈就是在带有静电荷的小型龙卷风的作用下产生的。一些地质学家提出了"球形闪电说"：球形闪电和其他因素即"等离子体旋流"共同形成了怪圈，此外，太阳表面黑子活动增强亦与怪圈有一定关系。日本科学家声称，根据"球形闪电说"，他们在实验室里利用球形闪电设备已成功地模拟了怪圈现象。还有一些地质学家认为由地球核心发出的大地射线导致了怪圈这一奇怪现象，植物会因这种射线发生有规则的倒伏，动物和人也会因此而得病。动物学家则提出：动物发情求偶的季节一般在5～7月，雄性动物围绕雌性动物打圈，从而制造出怪圈，那些有在田间做窝习性的动物如刺猬和一些鸟类就可能有类似的创作。农学家则称：之所以出现怪圈的田地，是因为其土壤成分不一。霉菌病变及施肥分布的不均都有可能使农作物发生呈某种形状的倒伏，让人们误以为是一种奇异的现象。

除以上说法外，仍有许多人坚持认为：这些出现在各地的麦田怪圈是天外来客——外星人留下的。当他们乘坐飞碟光临地球时，飞碟刚好降落在麦田，旋转的强烈气流造成了一个个怪圈。

正当持这两种不同论调的人们争论不休时，1990年8个法国青年向世界宣布：怪圈之谜根本不是谜!所谓的怪圈不是什么大自然的创作,而纯属某些人的恶作剧行为。

这一年的夏天,8名法国青年出于对自然之谜的热衷慕名来到英国,对麦田怪圈进行科学考察。在多次出现怪圈的麦田附近的山丘上,他们架设了高清晰度的夜视仪及敏感度很高的红外摄像机。7月24日,在发现麦田里出现了10个怪圈、3条直线之后,他们随即观看录像带,结果发现其中有一些模糊的影像。经分析,确认这些模糊的痕迹是人体物质的热辐射留下的。第二天夜里,摄像机里又出现了6个不太清晰的影像。

1991年9月,英国名叫多格·鲍尔和戴维·柯莱的两名男子向公众宣布,是他们制造了麦田怪圈。利用一根弹簧、两块木板以及一个将其固定在棒球罩上的古怪器具,就可以制造这样的怪圈。后来,英国一个叫马特·里德利的人,也向媒体曝光,自己和一些朋友是曾经出现在伦敦的"麦田怪圈假象"的制造者。里德利自称是"一个在银幕下制造'天兆'的淘气鬼",他坦陈了和妹婿一起造假的经历。在麦子快成熟的时候,他们将一根长钉立在麦田里,钉子上拴着绳子。然后,以钉子为中心,把绳子几乎贴着地面,像圆规似的在麦田里转一圈,一个"麦田怪圈"就出现了。

而内玻维尔"麦田怪圈"的出现时间可说也非常巧,因为一部由好莱坞拍摄的有关"麦田怪圈"现象的恐怖大片《符号》当时即将在美国上映。有人认为,内玻维尔"麦田怪圈"极可能也是一个相似的恶作剧,甚至有人认为内玻维尔"麦田怪圈"是当地电影公司策划的,目的是为了提高票房。

麦田怪圈真的是某些人的恶作剧吗?但为什么所有怪圈的周围都没有留下任何人的足迹?一些人也曾守候在麦田边,希望当场捉住这些恶作剧者,但至今却什么也没有发现,而怪圈却不断地出现。由此看来,这个问题似乎并没有我们想象的那么简单。怪圈的神秘恶作剧者到底是谁呢?

◎ 目前在全世界,每年大约出现250个图案各异的怪圈,特别是在英格兰南部,怪圈现象更是层出不穷。

通向大海的四万个台阶

有这样一个神话，爱尔兰巨人麦科尔砌筑了一条路，从他在爱尔兰北部安特里姆郡的家门穿过大西洋，到达他的死敌苏格兰巨人芬哥尔所在的赫布里底群岛。但狡猾的芬哥尔先发制人，在麦科尔还未采取行动前先来到爱尔兰。麦科尔的妻子机智地骗芬哥尔说，熟睡中的麦科尔是她襁褓中的儿子。芬哥尔听了很是害怕，心想襁褓中的儿子已如此巨大，他的父亲一定更加巨大。于是惊慌地逃到海边安全的地方，并把走过的路拆毁，令砌道不能再用。

另一种传说则要平和、浪漫得多。传说，中古爱尔兰塔拉王的武士芬恩·麦库尔爱上了内赫布里底群岛中斯塔法岛上的一位身材高大的美女。为了把这个美人脚不沾水地娶回阿尔斯特，芬恩建造了这条通往斯塔法岛的石路……

今天在爱尔兰北部海岸的贾恩茨考斯韦角，我们看见的数以千计的多角形桩柱，据说就是巨人麦科尔砌筑的。这些桩柱大部分高6米，拼在一起成蜂巢状，构成一道阶梯，直伸入海。从高空望下去，砌道就像沿着270多千米长的海岸，由人工砌筑出来的道路，往北一直延伸到大西洋。这些屹立在大海之滨已有数千万年之久的岩层，以其井然有序的排列组合及美轮美奂的造型，令无数游人叹为观止。

贾恩茨考斯韦角的桩柱可分作大砌道、中砌道和小砌道三组，人们饶有兴趣地给这些桩柱起了些古怪的名字，如被峭壁隔开的"烟囱顶"和"哈米尔通神座"观景台。

早在17世纪，学者们就开始研究它的起源，"巨人之路"及其周围海岸也因之很快发展成为一个科学家们频繁光顾的地质学研究场所。撇开神话不谈，关于这条砌道是怎样形成的，就有多种认识。曾有人认为这些桩柱是海水中的矿物沉积所成。

千万年来，浪花不倦地冲刷着岩层，剧烈的海风和多变的气候也不断地对石柱进行侵蚀和雕琢。

今天，大部分地质学家都认为砌道的形成源自火山活动。约在五千万年前，爱尔兰北部和苏格兰西部的火山活动活跃，从火山口涌出的熔岩冷却后僵化，在新爆发之后，另一层熔岩又覆盖在上面。熔岩覆盖在硬化的玄武岩层土上冷却得很慢，收缩也很均匀。熔岩的化学成分令冷却层的压力平均分布于中心点四周，因而把熔岩拉开，形成规则的六角形。这个过程发生一次后，基本形状就确定下来了，于是便在整层重复形成六角形。冷却过程遍及整片玄武岩，这样就形成一连串的六角形桩柱。在首先冷却的最顶上一层，石头收缩，裂成规则的棱形，当冷却和收缩持续，表面的裂缝向下伸展到整片熔岩，整片玄武岩层就被分裂成直立的桩柱。千万年来，坚硬的玄武岩柱不断被海洋侵蚀，就成了高低不一的模样。石柱的颜色则受到冷却速度的影响，石内的热能渐渐散失后，石头便氧化，颜色由红转褐，再转为灰色，最后成为黑色。不过，地质学家的这种观点还有待进一步考证。

◉ "巨人之路"的石柱林

密密麻麻的玄武岩石柱鳞次栉比地从海里凸出，有些呈灰色并已严重风化，其他则呈漆黑或是深黛色。

◉ "巨人之路"周边的海岸包括海湾和熔岩形成的岬角，岬角上遍布光滑发亮的绿色橄榄石洞窟。

世外桃源
——甘美乐

甘美乐的故事以亚瑟王始，也以亚瑟王终。最早提到亚瑟王的作品是 10 世纪的一首威尔士诗歌，但其事迹直到 12 世纪才开始在民间流传。后来法国诗人德特洛伊斯从行吟诗人处取得灵感，在亚瑟王传奇中加入骑士与美人间的爱情故事，而鲍朗又添加了追寻圣杯等故事，最后才由马洛礼把这些故事贯串起来。在马洛礼笔下，亚瑟王继承了英雄传统，他从小由魔术师梅林抚养，年轻时拔出了石中神剑。他建立王国后，获得湖中女神赐予神剑。他的骑士都要受过考验，最后更以寻访圣杯显示其英雄气概。

甘美乐就是亚瑟王建立的王国的首都，亚瑟王在那里临朝听政，与他的骑士奉行骑士精神。德特洛伊斯笔下的甘美乐象征着安宁，代表与野蛮抗衡的文明、纷乱中的秩序。它位于一个永恒的地方，那里有迷人的森林和城堡，骑士从这里出发探险、拯救遭难的少女，最后又回到美丽的家园。

◎ 甘美乐最可能的所在地——卡德伯里堡

◎ 传说"圆桌会议"是亚瑟王所发明的一种会议形式：与会者围着一张圆桌召开会议，表示没有阶级、不分尊卑、平等和团结。据说这张橡木桌就是亚瑟王的圆桌，但后来被证明是中世纪之物。

中世纪时，战乱频繁，瘟疫流行，人人渴望能有一个像甘美乐这样安乐详和的地方。后来，相信确有此地的人，便到处访寻这个世外桃源。

历史上确有些证据，证明亚瑟王这位传奇国王是以五世纪时不列颠的一位将领为原型塑造的，在罗马人撤退后，他曾率众抵抗日耳曼族入侵。撒克逊人侵占不列颠后，他的事迹便成为凯尔特人的民间传说，在未受撒克逊人控制的地方，如英格兰西部、威尔士和法国布列塔尼等地代代相传。因此，人们就从凯尔特人的故乡开始寻访甘美乐之旅。

◉ 《亚瑟王之死》 19世纪 英国 阿切尔

英国亨利八世时的古物收藏家利兰，曾写道："甘美乐就在卡德伯里教堂的最南端，原有名城或名堡……"他认为卡德伯里是甘美乐的所在地，因为在亚瑟王的时代，萨默塞特郡南卡德伯里的卡德伯里堡是不列颠最大的要塞，以这里作大本营的国王所拥有的资源是无人能比的。

一些考古的发现证实了利兰的观点。20世纪60年代，考古学家阿尔科克发现南卡德伯里铁器时代的城堡，在5世纪末曾加固再用，这正是传说中亚瑟王活跃的时期。卡德伯里堡始建于公元前1世纪，公元83年被罗马人摧毁，其后废弃了400年，城堡只剩下一些木建筑物。

另一处可能的地方是康沃尔北岸的廷特杰尔堡，传说亚瑟王在那里出生。发掘出的文物显示那里曾是一座凯尔特古厅的旧址，出土的陶器碎片证明5世纪时这里有人居住，但这里自1145年起才有一座城堡，年代较近，又不大可能是甘美乐。

◉ 传说中亚瑟王的长眠之地——苏格兰边界的艾尔登山

有关甘美乐的地点的说法如此纷纭，原因在于这个地方跟亚瑟王一样，只存在于故事中。看样子目前我们也只能在故事中去寻找这个世外桃源。

永生在岩画上的神牛

这幅岩画发现于法国拉斯科的石壁上，洞穴艺术家用有色的土和石头研磨成粉状，然后用水调成红、黄、黑等颜色，点染出鹿群的轮廓和疾驰飞奔的样子。

欧洲的原始岩画主要分布于法国拉斯科洞穴以及西班牙的阿尔塔米拉岩穴中，完成于距今3万年到1.2万年期间。拉斯科洞窟位于法国多尔多涅省蒙尼克镇附近，从远古时代起，它的洞口就被障碍物全部堵塞住，直到现在洞口也还没有找到。1940年的一天，四个当地的少年在玩耍时，丢失了他们的狗，在找小狗的过程中他们挖开洞顶爬进去，结果发现了那些万年前的岩画。这个洞窟包括著名的野牛大厅和一些陡峭的走廊，绝大多数的岩画描绘的是动物，有野牛、马匹、红鹿和野山羊，还有一些意义不明的圆点和几何图形。在洞窟的地面上，还发现了作画用的木炭、颜料和雕刻工具等。

在欧洲其他地方的岩画中，有许多是描绘祭祀场面的，这些祭祀与狩猎行为密切相关。有些祭祀活动就是在狩猎的过程中进行的。不过，在原始欧洲的岩画中，人类的形象表现则是寥寥无几的。

原始岩画创作时有效地利用了岩壁的隆起和凹陷以及纹路，进行彩绘。当时的创作者使用的颜料是矿砂，他们把各色矿砂掺和在一起以获得不同的色彩效果，并以蕨草与羽毛为画笔。有人猜测欧洲洞穴岩画的起源，一是劳动，体现原始人的狩猎生活；二是娱乐，在生产劳动的空暇时间通过作画来得到愉悦，释放紧张的情绪；第三是一种对自然物的膜拜，如洞穴中的鬃髦代表女性，马指男性，但这种巫术绘画模仿的是动物的生命神采。这种岩穴绘画的巫术认为石壁上的动物灵魂能保佑部落中的人健康，不受意外的损伤，并且在狩猎过程中获得更多的猎物。

究竟是什么人画的这些岩画？他们为什么要创作这些岩穴画？又是用什么工具创作的……

科学家们利用放射性碳测出，那些画是在公元前3万至1万年间，或先或后画在穴壁上的。这段时期比人类有文字记载的历史早4倍左右！

当时西欧居民以克洛麦农人为主，他们与现代人同种，但通常比现代人矮小，他们主要以狩猎、捕鱼、采集为生。从克洛麦农人的岩穴图画可知他们具有极高的智力和灵敏的感觉，他们相信来世再生，亲人死后他们在坟墓里放置食物和工具，陪伴死者踏上冥途。他们可能还相信，动物也有灵魂，例如，在一个岩穴内，就刻着一匹小马正从一匹奄奄待毙的大马腹

里跃出来。

　　岩穴图画可能还有着严肃的宗教目的。那时候，猎捕大野兽是十分艰难的，于是人们想靠施用符咒的方法镇住猎物，他们相信只要把动物的图像刻画在穴壁上，它就不能再有抗拒人的力量。为了保证行猎成功，画者可能画一根长矛贯穿野兽，并且利用这种图画来教导年轻猎人哪些部位最易致命。还有一种观点则认为，绘画的主要功用是增加动物的生育力。

　　当时的画者又是如何工作的呢？有人推测，他们先用尖的燧石在穴壁上刻画出动物轮廓，然后着色。他们从含氧化锰的泥土或从木炭和油烟中取得黑色，从铁矿中取得褐、红、橙、黄等色，把铁矿矿石用石头磨成粉末，然后与动物血液、植物汁液或动物脂肪混合在一起制成颜料。然后或用手指或用毛皮、羽毛制成的刷子上色，也或者用中空的芦笔管或兽骨把颜料吹到穴壁上。

● 野牛、人与鸟

画面的特点：写实的动物形象、一些稚拙的人物和奇怪的几何图形组合在一起，反映了原始人对自身与周围世界的理解。

　　某些图画上那些一万多年前涂上的油脂颜色，至今还可以用手指抹污！这些古代美术作品为什么能保存到今天？原因是，岩穴通风良好而且适中，里面温度和湿度一直保持不变，空气中的水分恰能维持颜色不致干枯脱落。最重要的是，这些岩穴的入口都因过去的岩崩而封闭了，无人可以进去破坏。但拉斯考岩穴开放后，成千上万观光客带进穴内的汗气、体热和微生物，加上电灯的使用，使穴内的图画遭受的破坏，比过去1.5万年还要严重，结果1963年拉斯考岩穴被迫关闭。

● 野牛 阿尔塔米拉山洞岩画 约公元前2.5万年 西班牙

阿尔塔米拉岩画是1896年由一位猎人不小心钻进山洞而发现的，洞内的岩画有着简单而生动的线条，配合着岩壁的地形和一些简单的颜色，形象栩栩如生。

现在的约塞密蒂谷已成为旅游胜地，每年可吸引约 250 万游客来此观光。这里的景色令人永生难忘，尤其是冬日阳光下和日落时的山谷美景更是美妙绝伦。

塑造约塞密蒂谷的冰川

约塞密蒂谷是美国加利福尼亚州中东部内华达山西坡的一个冰川槽谷，在圣弗朗西斯科以东约 251 千米处。印第安人称为"阿赫瓦尼"，意为"深草谷地"。谷底宽平，谷壁陡峭，具冰蚀 U 形谷的典型特征，两侧多悬谷。圣华金河支流默塞德河上游流贯其中，形成一系列瀑布。1890 年，连同附近地区的湖泊、草甸、丛林（其中有巨大的红杉树种）等辟为约塞密蒂国家公园，占地 3028 平方千米。

约塞密蒂谷位于公园中部地带，这里是世界上瀑布最密集的地区，因为特纳雅、伊利洛特和约塞米特三条支流汇成的默塞德河正好从谷底流过。其中约塞米蒂瀑布，全长 2425 英尺，从山谷北壁倾泻而下，居北美瀑布之首。弗纳尔瀑布长 317 英尺，其独特之处在于底部飞溅成的浓雾在阳光照射下形成彩虹。同时，这里的巨岩十分有特色。其中"上尉岩"高 1098 米，它拔地而起，形状与 19 世纪美国的上尉军官帽相似，故称"上尉岩"，据说这是世界上最大的单块花岗岩。落箭岩也是一块巨石，高 2800 英尺，仿佛一只翘首远望的企鹅，极其壮观。

冰川之巅是公园内最著名的景点，站在山顶，可以饱览公园全景。约塞米蒂谷形如一个巨大的"U"字。"半圆丘"比谷地高出 1500 米，像是被利斧劈去一半的圆形顽石，巨大无比。

大约 1000 万年前，约塞密蒂还是一片低矮的丘陵地带。地壳运动使丘陵向上隆起，梅西特河的冲刷，使河谷渐渐变深。直到 300 万年前的冰河时期，一条冰川以雷霆万钧之势流经该地，才造成我们现在所见的奇景。

那时候整个加拿大和现今美国中部及东部 2/3 的土地都被一层很厚的大陆冰原掩盖了。西部掩盖山区的大冰块互不相连，被称为谷冰川。

当冰期来临时，冰川遇到哪个山谷就顺着哪个山谷向下流。冰川划刻岩石的力量是惊人的：

一座只有几百米宽的冰体能够在一年内，把上百万吨的基底岩石撕裂粉碎，其剥蚀作用要比水流和风大得多。并且冰川携带大量石块进一步刮擦山谷，磨蚀出两壁陡立的山谷。约塞密蒂谷受到流经该谷的冰冲蚀，便越来越宽阔，而成为典型的U字形。我们可以想象：在冰川最大的时期，约塞密蒂谷里差不多都是冰，最少厚达5000英尺。在一片荒凉的冰原上，唯一露出冰外的陆标大概就是半圆山的峰顶。每条冰川挟带着大量岩屑，这种岩屑在冰川两侧附近特别厚，被称为"侧碛"。在半圆山之下，有两条侧碛合而为一，位于主流的中间，形成一条黑的"中碛"，就好像是冰上的一条黑纹。中碛随着冰川弯曲，更清晰地显出来冰川流动的踪迹。从高空俯现在阿拉斯加和格陵兰两地仍然存在的冰川，就可以很清楚地看见这种中碛。

◉ 约塞密蒂国家公园里的黑熊

环绕着约塞密蒂谷的内华达群山中，现在仍有60条小型冰川，其中许多条看上去并不像真正的冰川，只像未完全融解的大堆积雪。不过，它们长年不融，形成许多层，还会移动。

约塞密蒂区除了冰川遗迹外，还有许多奇形怪状的花岗岩，既有又陡又大的峭壁，也有经风化作用形成的圆形岩丘和岩穹。而至于约塞密蒂谷会不会再有冰川至今仍难以预测。

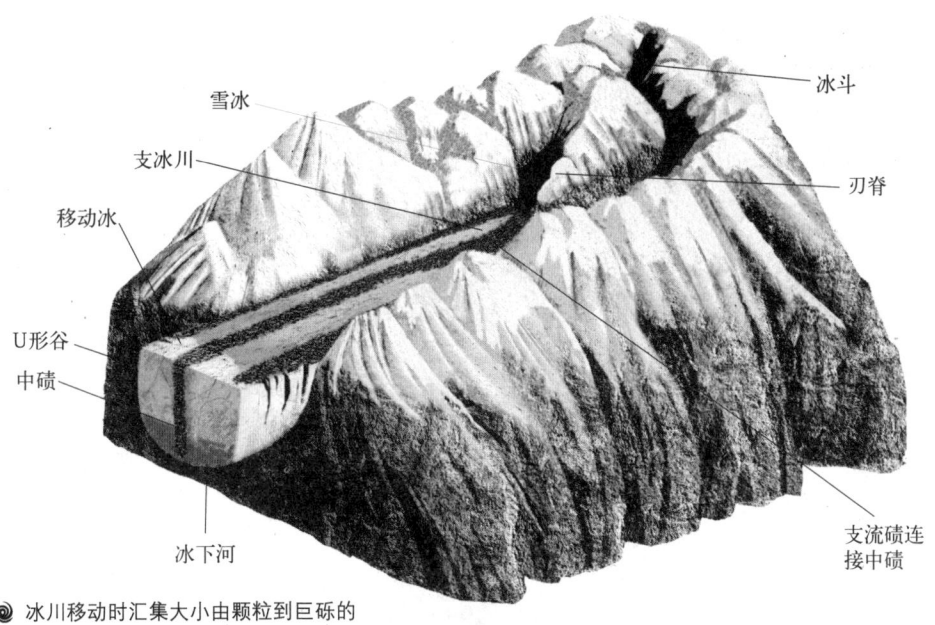
◉ 冰川移动时汇集大小由颗粒到巨砾的冰碛，冰川底部的岩石侵蚀着冰川谷，使它的横截面成为U形。

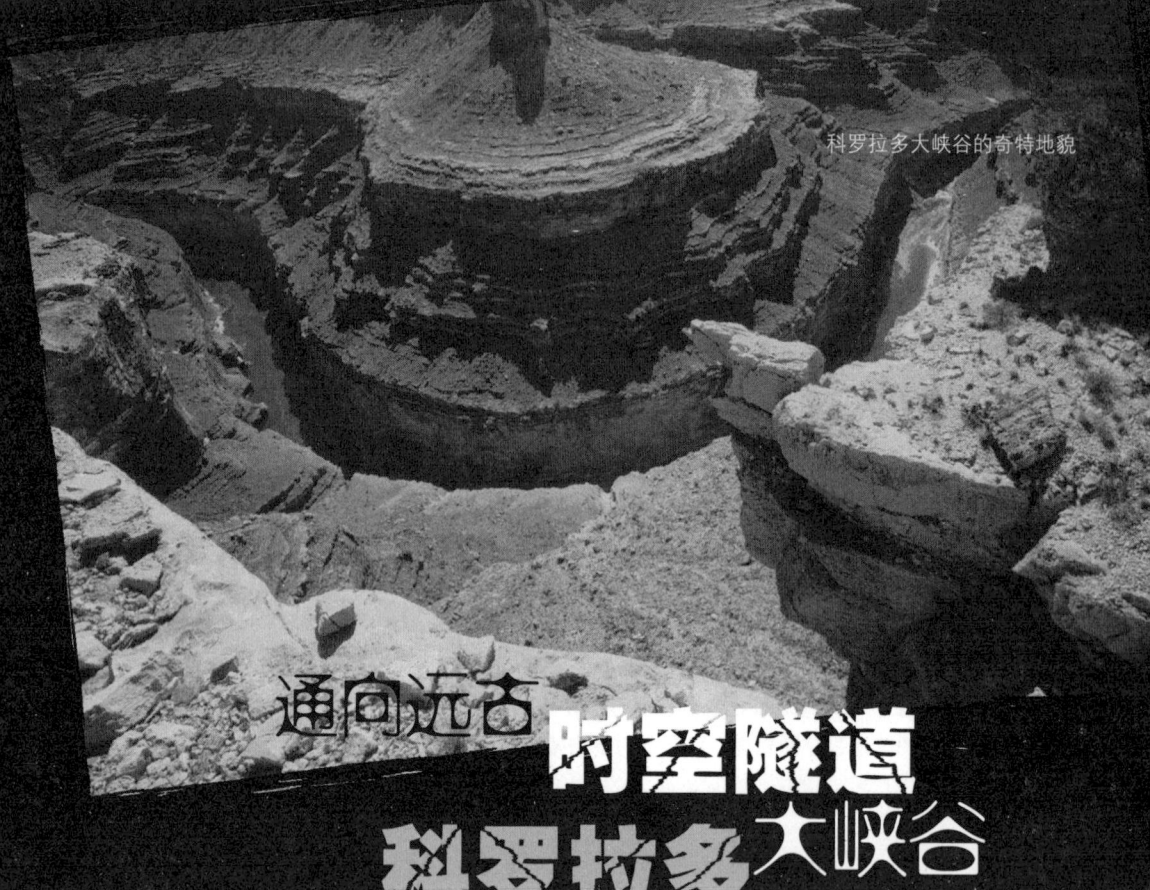

科罗拉多大峡谷的奇特地貌

通向远古时空隧道 科罗拉多大峡谷

在美国亚利桑那沙漠中部，有一条长约515千米的大峡谷，最深处的格拉尼特峡位于托罗韦帕高地北缘下800米处，深1600米，最宽处达29千米。峡谷峭壁由岩石构成，岩纹清晰可见。谷底为浅黑的片岩（一种容易裂开有变质岩）和富含化石的花岗岩。大峡谷气象万千，被公认为北美洲的一大奇景，连罗斯福总统都慨叹那是"每个美国人都应该一看的胜景"。

大峡谷大体呈东西走向，平均谷深1600米，全长350千米。大峡谷谷底宽度不足1000米，最窄处仅120米。"科罗拉多"在西班牙语中意为"红河"，这是由于河中夹带大量泥沙，河水常显红色而得名。有人说，在太空唯一可用肉眼看到的自然景观就是科罗拉多大峡谷。

相传，大峡谷形成于一次大洪水中。当时，人类被上苍变成鱼才得以生存下来。从此以后，当地的印第安人不吃鱼类，到现在也没有改变。其实，大峡谷是在汹涌澎湃的科罗拉多河水所夹带的大量泥沙碎石所产生的巨大的侵蚀切力下形成的。大峡谷地区最古老的岩层形成于寒武纪，是由于地球内外力的相互作用而形成的。峡谷两岸随处显露着形成于不同地质年代的地层断面，岩层清晰，还保持着原始状态，是一部生动的地质"教科书"。1919年，大峡谷被设立为国家公园。

峡谷中的地形奇特多变，有的尖如宝塔，有的像奇峰耸立，有的如洞穴般幽深。根据外形的特征，人们给它们起名叫安娜神庙、西波罗神殿、婆罗门寺宇等。

光怪陆离的红色巨岩断层分布在峡谷两岸。值得一提的是，在阳光照耀下，红褐色的土壤和岩石呈现的光彩五颜六色，或紫色，或深蓝色，或棕色，颜色随着太阳光线强弱的不同而变化。这种神奇的景观以其特有的魅力吸引着来自世界各地的游人。

最早来到这里的欧洲人，大抵是西班牙的一名骑士德科伦纳多及其队伍。1540年他率领300人，到此寻找黄金。他们在峡谷边缘，缘着水声找了三天，也没找到通往河边的路径。如果找到的话，他们一定会大吃一惊：估计那时的河道仅宽1.8米。

300多年后，艾甫斯上尉带领探险队来到这里。他从加利福尼亚湾起锚，沿科罗拉多河上溯，两个月后他登上岸，在南里姆骑着骡子沿着岩架行进。后来他是这样记述岩架的，距陡峭深渊的边缘不到8厘米，渊深300米；另一边，一堵陡直岩壁差不多触及他的膝盖。可见科罗拉多大峡谷是多么的陡峭。

一般人来到大峡谷，只觉满目苍凉。其实，大峡谷国家公园有多种野生动植物，已查明的陆地动物有90余种，鸟类180多种。植物有罂粟、云杉、仙人掌、冷杉等。大峡谷里仍有早期印第安人的泥墙小屋废墟。乘直升机飞到哈瓦苏峡谷上空，还可俯瞰到哈瓦苏派印第安人的居地。

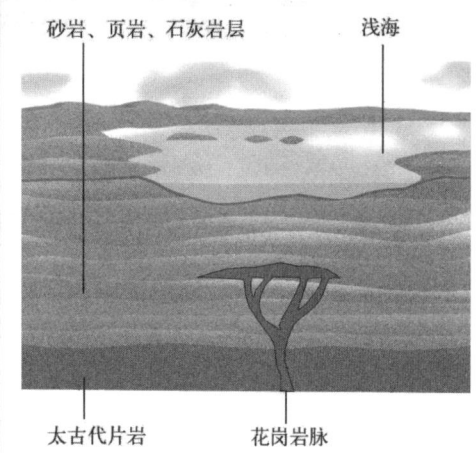

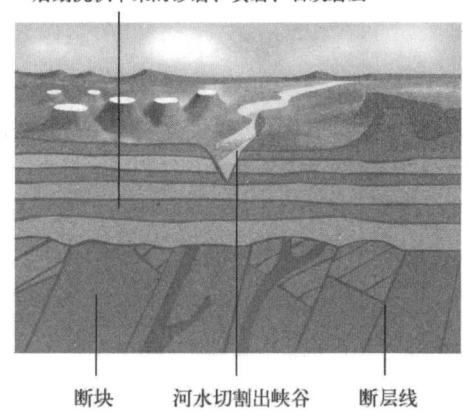

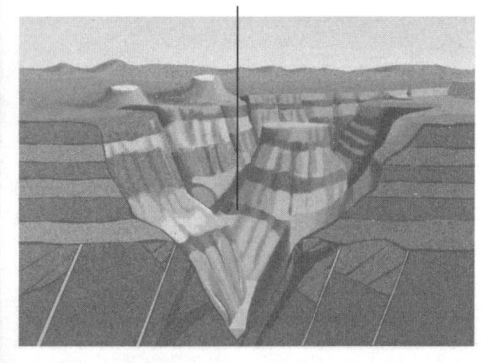

◉ 大峡谷是从曾经为古代海底的亚利桑那州西北部的一个高原里切割出来的，两条河流——古科罗拉多河和瓦拉派河切入高原后相遇，它们汇合后形成现今的科罗拉多河。大约在6000万年以前，该高原因地壳运动被抬升。科罗拉多河河湾以湍急的水流（达32千米/时），一面冲刷峡谷两侧，一面挖深河道。

五万年前的陨石坑

　　每天有多达几百吨的陨石进入地球的大气层，但大部分都十分小，仅几毫克。一般陨石进入大气层的速度在10～70千米/秒，仅仅较大的陨石经大气层摩擦后迅速减速至每小时几百千米并随着声闷响撞击到地表，其中由于几百吨重的陨石减速不大，撞击到地表时造成陨石坑。陨石是宇宙中小天体的珍贵标本，因此，研究陨石为研究太阳系的起源和演化、生命起源提供了宝贵的线索。

　　美国亚利桑那州弗拉格斯塔夫市附近的巴宁格陨石坑（又称流星陨石坑）是一颗小行星撞击地球的极好例证，被撞出的陨石坑直径1200米，深200米，猛烈的撞击使坑口周边隆起，高出周围沙漠达40多米。它是由约5万年前一铁质流星撞击形成，根据陨石坑的大小推算，这颗流星可能重达90万吨，直径100米。在遇到地球大气层阻力时，大多数流星会燃烧或粉碎。科学家们认为，这颗流星如此之大，运行速度如此之快，以至它能整块抵达地球。它冲落地面发生爆炸，其能量可能是1945年8月毁掉日本广岛市的原子弹的40倍。

　　当1871年人们发现这个洼地时，都以为它是塌陷的火山口。1890年，有人在洼地岩屑中发现了碎铁。于是，一些科学家开始怀疑那可能是外太空物体撞击地球所留下的痕迹，而并不是火山口。

　　但最初人们不理解为什么在巴宁格陨石坑看不到陨石本身。这个庞然大物给人们留下了

◎ 巴宁格陨石坑是北美最大的陨石坑。据说，坑中可以安放下20个足球场，四周的看台则能容纳200多万观众。

一个大坑和坑边几块陨石铁片,为什么便没了踪影。有人估计陨石就落在坑下几百米的地方,可是谁也没有去挖出它来加以证实。有些人则以为陨石被埋在地下了。后来科学家们推测,这块巨石在落地时已击成碎块了。

费城一位采矿工程师巴宁格博士,深信坑里埋有富含铁质的巨大陨石,于是他把那块土地买了下来,并于1906年着手钻探。经过勘查,他发现坑口东南面的岩层比其他方位的岩层高出30米,由此他断定陨石自北面掉落,以低角度撞击地面,留在坑口东南缘地下。于是,钻探工作在东南缘继续展开。但1929年,钻探工作被迫停止。

1960年,有人在坑里发现两种罕见的矽:柯石英和超石英。这两种物质,可以在极大压力和极高的温度下制造出来。在坑内找到这两种物质,足以证明坑口由巨大撞击力造成。巴宁格的信念获得证实,为了纪念他,陨石坑现在就以他的姓氏命名。

由于巴宁格陨石坑与月球表面上的环形山非常相像,科学家们利用它来作研究,美国宇航员在那里进行训练。一些游客也被获准前来参观,他们顺着一条很陡的小道花1个小时才可以走到陨石坑底。

地球表面曾一度布满着陨石撞击的伤痕,已发现的撞击陨石超过120个,大部分是2亿年以内形成的。科学家认为6000多万年前落入地球的巨大陨星导致了地球上许多动植物的灭绝,那时70%的生物绝种都是由于陨石撞击地球造成的。估计直径为10千米的陨星在白垩纪后期击中了地球,这导致了恐龙的突然灭亡。巨大的陨石还可以造出很深的陨石坑,这个深度足以穿透地壳层,导致大量的火山喷发。如果陨星落入海洋,会导致海啸、巨大的潮汐……

陨石降落是壮观的,但其危害也是巨大的。只有真正揭开陨石之谜,才能造福人类。相信不久的未来,经过科学家们的努力,是可以如愿的。

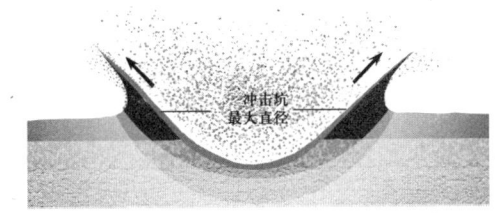
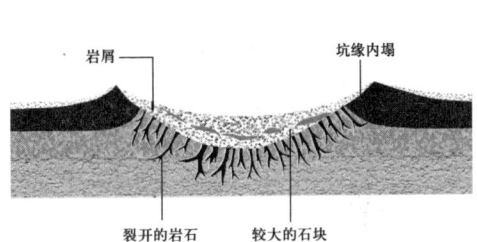
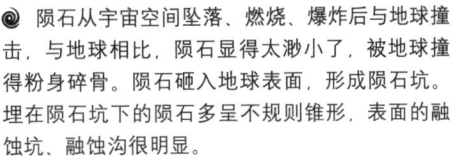

● 陨石从宇宙空间坠落、燃烧、爆炸后与地球撞击,与地球相比,陨石显得太渺小了,被地球撞得粉身碎骨。陨石砸入地球表面,形成陨石坑。埋在陨石坑下的陨石多呈不规则锥形,表面的融蚀坑、融蚀沟很明显。

守时的间歇泉

◉ 黄石国家公园里的喷泉

黄石公园处于一个巨大的火山口里，大约60万年前有一次火山喷发，之后，尽管火山没再喷发，但仍在活动，许多间歇泉就是在原来火山口中的一些裂隙和破碎带的基础上发育起来的。

河流湖泊，只不过是陆地上水源的一小部分，其余的大部分都隐藏在地下的天然水库中。地下水有时用不着掘井也看得到，例如从地下涌出大量沸水的间歇泉。

间歇泉的形成需具备以下条件：首先，地表岩层下要有能把岩层底部烧热的熔岩（火山岩浆）。其次，岩层中要有直通地面的通道，且通道四壁要坚实，能承受得住喷泉的喷发力。最后，还要有地下水源，遇到熔岩烧沸后，被迫向上喷出。地下间歇泉的水因通道狭窄而无法上下对流，底部的水很快便烧沸，而上面的水还是很冷。下面的水受上面水柱压力，就和高压锅的作用一样，导致沸点提高。通道末端的地下水越来越热，水温远远高出正常的沸点。而上面的冷水因得到底部沸水蒸发出来的水汽的加热，膨胀起来，涌出泉口。泉水排出后，底部水所受的压力突然下降，使过热的沸水化为蒸汽。沸水突然从液体变成气体产生了巨大的爆发力，于是把水和水汽一起喷出泉外。

间歇泉主要分布于岩块可以上下左右移动的断层或裂缝上。世界上比较壮观的间歇泉散见于冰岛、新西兰和美国怀俄明州的黄石公园，其中以黄石公园为甚。黄石国家公园，占地面积8990平方千米，坐落在美国西部的蒙大拿、怀俄明、爱达荷三州交界处。公园以间歇喷泉、温泉、矿泉沉淀物及火山气体而闻名于世。黄石国家公园始建于1872年，又称"大众公园"或"休憩圣地"，是美国设立最早、规模最大的国家公园，也是世界最大的自然保护区之一——"生物圈保护区"，同时兼具生物学研究价值和环境教育价值。1978年，黄石国家公园被联合国教科文组织作为自然遗产列入《世界遗产名录》。

公园内有多处胜景，如湖光、山色、喷泉、峡谷、瀑布等，其中最独特的风貌是被称为世界奇观的间歇喷泉。全园有间歇喷泉300处，全世界一半以上的间歇喷泉都集中在这里。比较奇特的是由4个喷泉组成的"狮群喷泉"，喷泉出现水柱前，先会有蒸汽喷出，同时发出像狮吼的声音，接着才有水柱射向高空。另外，还有"蓝宝石喷泉"，因为水色碧蓝而得名；"城堡泉"因外形像城堡而得名；每隔50多分钟喷发一次的"老信徒泉"，每次可以持续喷发四五分钟，喷出的水柱有40多米高。

老信徒间歇泉是黄石公园里最有名的喷泉，位于一个高约12英尺的圆丘的中央，这个圆丘由间歇泉本身喷出的矿物堆积而成。从前老信徒间歇泉是每60～65分钟喷发一次，现在的规律已大不如前，有时隔90分钟，有时则隔30分钟喷发一次。每次喷水通常都先来一阵短促的喷发，然后慢慢升起一根美丽的水柱。起初水柱升得很慢，过一会儿才向上猛喷，在115～150英尺之间上下跳动。

老信徒间歇泉的喷发虽然不像钟表般准确，但已是很难得，因为只要渗入地下的水量或地下岩层温度略有变动，都会影响到喷泉喷水，甚至可能导致它不再喷水。比较起来，其他间歇泉喷水多半都不算有规律，有时几分钟喷一次，有时几年才喷一次。

黄石公园还有许多不能喷发的间歇泉，有些是冒蒸汽的水池，有些是经常冒泡的温泉。其成因通常在于地下通道的形状，沸水在没有累积到足以爆发的膨胀力之前，就排到别处去了。不能喷发的温泉之中，以硫磺泉最引人注意。硫磺泉大多数只排出少量泉水，但泉口的边缘却积满一层厚厚的鲜黄色的硫磺。

一项最新的研究发现，地震也会影响到间歇泉的喷发。1959年8月美国蒙大拿州地震前数月，老信徒间歇泉喷发的相隔时间，比正常时缩短数分钟。地震后不久，又比正常延长几分钟喷一次。据推测，地壳的压力把间歇泉的断层弄歪，阻碍了地下通道中蒸汽和沸水的正常流通，不过对整个自然作用过程科学家们还未确切了解。t

◎ 间歇泉与温泉不同，温泉不仅水温高，而且少含硫；间歇泉水温一般比较低，且含大量硫和碳酸气。间歇的时间有的几小时，有的一天左右，而每次喷发的时间只有十几分钟到一个小时，所以若想观看这种景观需要等待。

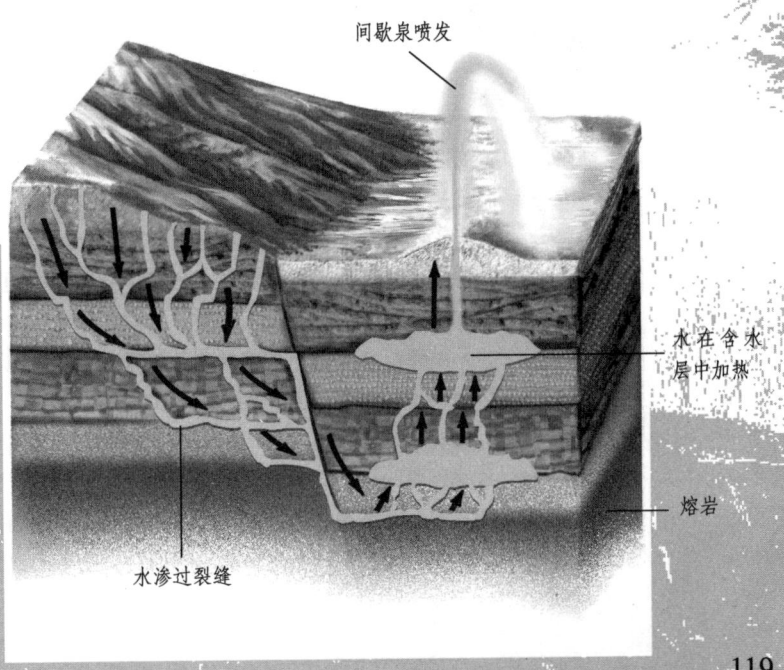

间歇泉喷发
水在含水层中加热
熔岩
水渗过裂缝

神奇的尼亚加拉瀑布

尼亚加拉大瀑布是驰名世界的大瀑布，坐落在纽约州西北部美加边境处，位于尼亚加拉河的中段。这条河流发源于伊利湖，向北流入安大略湖，仅长58千米，但是因为伊利湖与安大略湖地势相差100多米，当河水流经陡峭的断岩带时，便形成了气势磅礴的大瀑布。

● 游船慢慢靠近瀑布，让游客去感受尼亚加拉瀑布雷霆万钧的气势和力量。

尼亚加拉瀑布以山羊岛为界，分为加拿大瀑布和美国瀑布两部分，由三股飞瀑组成。两处瀑布的水源虽来自同一处，可是只有6%的水从美国瀑布流下，其他94%的水是从加拿大瀑布流下。其中，在河东美国一侧的两条瀑布，有着"彩虹瀑"和"月神瀑"的美称，后者因其极为宽广细致，很像一层新娘的婚纱，又称婚纱瀑布，两瀑布中间隔着兰那岛。在河西加拿大一侧的飞瀑最为壮观，形状有如马蹄，故称马蹄瀑。马蹄瀑与前两瀑相距约二三百米，但看上去基本是"三位一体"的半弧形。

历史上的尼亚加拉瀑布，曾是美国和加拿大两国争执不休，甚至兵戎相见的必争之地。1812~1814年间，两国曾多次为此发动战争。后来，双方签订了《根特条约》，规定尼亚加拉河为两国所有，以中心线为界。从那时起近200年来，加美两国享有一条和平的边界，双方都在各自的一边设立了尼亚加拉瀑布城。150多年前，拿破仑的弟弟耶洛姆·波拿巴曾携新娘到瀑布度蜜月，开创了到此旅行结婚风俗之先河。据统计，每年来尼亚加拉瀑布旅游的游客约400多万人，其中，情侣、恋人数不胜数。

"尼亚加拉"一词来自印第安语，意即"如雷贯耳"。关于这个瀑布有一则动人的传说：从前，有一位美貌的印第安姑娘被部落的酋长相中。酋长想娶她为妻，但姑娘不愿意，于是，在新婚之夜，她独自划着独木舟沿尼亚加拉河而上。在河水中，姑娘变成了美丽的仙女，后来经常出现在大瀑布的彩虹中。

尼亚加拉瀑布原本是人迹罕至、鲜为人知之地，几千年来，只有当地的印第安人知道这一自然奇观。在他们实际上见到瀑布之前，就听到如同打雷般的声音，因此他们把它称为"Onguiaahra"（后称 Niagara），意即"巨大的水雷"。据传，欧洲人布鲁勒于 1615 年领略到尼亚加拉瀑布奇观。1625 年，欧洲探险者雷勒门特第一个写下了这条大河与瀑布的名字，简称为"Niagara(尼亚加拉)"。

据说尼亚加拉瀑布已存在约 1 万年了，它的形成在于不寻常的地质构造。在尼亚加拉峡谷中岩石层是接近水平的，每英里仅下降 19 英尺～22 英尺。岩石的顶层由坚硬的大理石构成，下面则是易被水力侵蚀的松软的地质层。激流能够从瀑布顶部的悬崖边缘笔直地飞泻而下，正是由松软地层上的那层坚硬的大理石地质层所起的作用。更新世时期，巨大的大陆冰川后撤，大理石层暴露出来，被从伊里湖流来的洪流淹没，形成了如今的尼亚加拉大瀑布。通过推算冰川后撤的速度，瀑布至少在 7000 年前就形成了，最早则有可能是在 2.5 万年前形成的。但具体形成于何时还有待考证。

◉ 雄奇的尼亚加拉瀑布还是勇敢者挑战自我、表演绝技的场所。1859 年，法国走钢丝演员查理·布隆丹从一条长 335 米，悬于瀑布水流汹涌处上方 49 米的钢丝上走过。至今，还没有人打破他创下的记录。

沙漠为热带雨林"施肥"?

亚马孙河是拉丁美洲人民的骄傲，它浩浩荡荡，蜿蜒流经秘鲁、巴西、玻利维亚、厄瓜多尔、哥伦比亚和委内瑞拉等国，滋润着800万平方千米的广袤土地，孕育了世界最大的热带雨林——亚马孙热带雨林。亚马孙原始森林，占地球上热带雨林总面积的50%，达650万平方千米，其中有480万平方千米在巴西境内。这里自然资源丰富，物种繁多，生态环境纷繁复杂，生物多样性保存完好，被称为"生物科学家的天堂"。森林具有涵养水源、调节气候、消减污染及保持生物多样性的功能，热带雨林就像一个巨大的吞吐机，每年吞噬全球排放的大量的二氧化碳，又制造大量的氧气，亚马孙热带雨林由此被誉为"地球之肺"。热带雨林又像一个巨大的抽水机，从土壤中吸取大量的水分，再通过蒸腾作用，把水分散发到空气中。另外，森林土壤有良好的渗透性，能吸收和滞留大量的降水。但奇怪的是，那里的土地却十分贫瘠。那么，树木生长所需的养分从哪里来呢？有些科学家认为，是位于东半球的撒哈拉沙漠漂洋过海来给亚马孙热带雨林"施肥"。这是真的吗，沙漠给森林"施肥"？

亚马孙河横贯南美洲，沿途有数以千计的支流汇入，河流流域面积700多万平方千米。其中，亚马孙平原占地面积约为560万平方千米，是世界上最大的冲积平原。由于亚马孙平原位于赤道附近的多雨地区,所以这里四季高温,每月平均气温都在26℃以上。但这里的降水量极为丰富,年平均降水量在1000毫米以上,西部地区甚至可以达到3000毫米。然而,亚马孙河流域的土地由于严重缺乏磷酸钙,所以流域内几乎没有腐殖土。有人指出,正是由于非洲沙漠尘土的侵入,才使亚马孙河流域成为广阔富饶的热带雨林。否则,这里将是一望无际的大草原。

在数万年前,亚马孙河流域的森林面积非常小,只相当于现有规模的很小一部分。近年来,美国航空航天局通过气象卫星和特殊飞行器,对南美洲的巨大尘埃云进行追踪,发现这些尘埃主要来自非洲的撒哈拉沙漠及其以南的撒海尔半干旱地区。美国迈阿密大学的一位科学家经过仔细研究,发现这些尘埃云也对美国南部的一些地方和加勒比海的一些岛屿的气候产生影响,在这些尘埃云的作用下,巴巴多斯岛上相当一部分土壤是来自非洲的。此外,尘埃云还将非洲尘埃带到迈阿密,从而使迈阿密城披上了一层红色。那么,这些尘埃是如何飞越辽阔的大西洋,从遥远的非洲来到美洲的呢?

一些科学家认为:低纬地区上空的东风带是运送这些尘埃的载体。如果按东风的平均风速计算,富含养分的撒哈拉沙漠的尘土需要5～10天才能跨越大西洋到达亚马孙河流域。美国一位热带生态学家认为,如果每年有1200万吨尘土落到亚马孙地区,则可以使平均每公顷土地增加1.1千克的磷酸钙。

如果真是这样的话,那么法国一位学者称"沙漠是生命的一个源头",这个观点用在撒哈拉沙漠与亚马孙热带雨林之间的联系上是再合适不过的了。

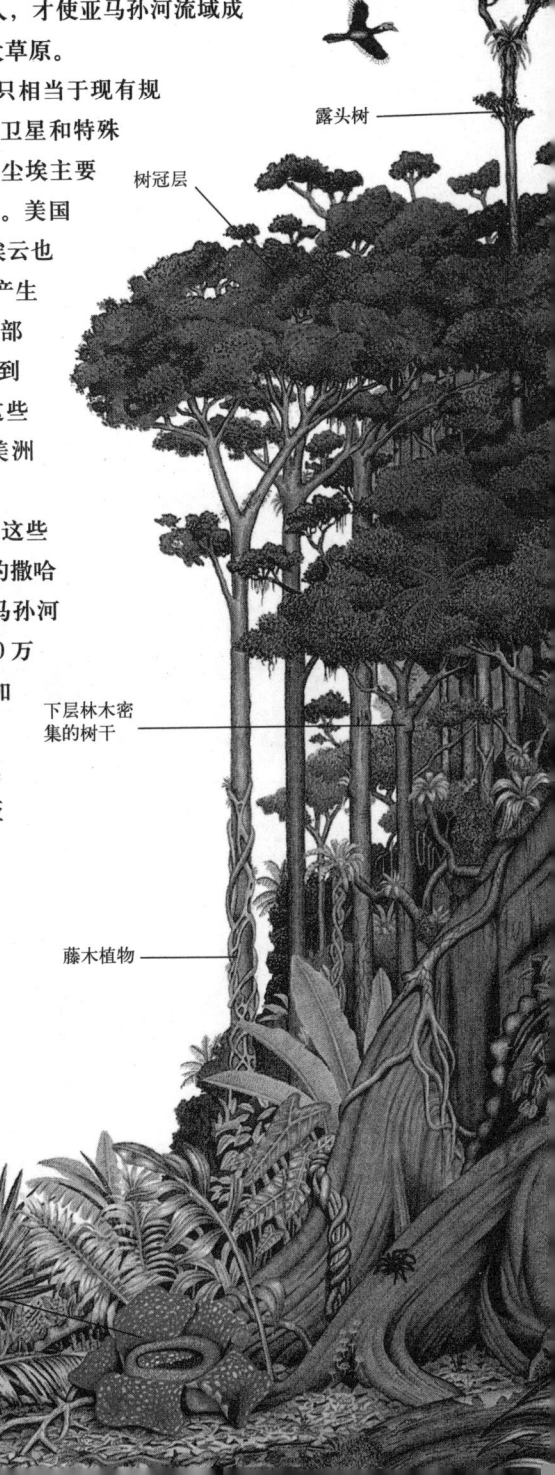

露头树

树冠层

下层林木密集的树干

藤木植物

大王花

● 雨林是世界上最丰富的生物群落区,树木、羊齿植物、藤本植物和其他植物生长茂密,它们供养了异常丰富的野生动物品种。

○ 特奥蒂瓦坎整个古城按精确格状展开，呈南北分布。

神奇的"黄泉大道"

特奥蒂瓦坎古城位于墨西哥首都墨西哥城东北约 40 千米处，坐落在墨西哥波波卡特佩特大山和依斯塔西瓦特尔火山的山坡谷底之间。

4000 米长、45 米宽的"死亡大道"是这座古城城内的主要干道，有人称因当时活人被祭司从这条路送到神殿祭神，这条大道成为牺牲者人生之路的最后一段，故得名"死亡大道"。也有记载，在公元 10 世纪时，最早来到这里的阿兹台克人，沿着这条大道来到这座古城时，发现全城没有一个人，他们认为大道两旁的建筑都是众神的坟墓，所以就给它起了这个奇怪的名字。

黄泉大道北端东面，屹立着修复了的太阳金字塔。太阳金字塔坐东朝西，正面有数百级台阶，拾级而上，可直达顶部。塔建在长 225 米、宽 222 米的塔基之上，66 米高的塔共 5 层，体积达 100 万立方米。太阳金字塔上，原有一座太阳庙，是当年杀人以祭祀太阳神的地方，但现在已不存在了。

黄泉大道北端有月亮金字塔，共分 4 层，高 45.79 米，全塔体积 37.9 万立方米，是当时用来祭祀月亮神的。广场可容数万人，可见当年祭祀规模之大。

城堡中原有羽蛇神庙，但现在保存下来的只有庙基，庙基斜坡上，至今仍可见惟妙惟肖的羽蛇神。宗教上层人物和达官贵人的住所——蝴蝶宫位于月亮金字塔南面，为全城最豪华的地方，宫殿的圆柱上刻有色彩明丽、精致巧妙的浮雕。在整个古城遗址里，至今仍可见当时的地下排水系统纵横交错，密密麻麻，多如蛛网，这充分展现了当时高超的排水技术。

1974年，一位名叫休·哈列斯顿的人在墨西哥召开的国际美洲人大会上声称，他在特奥蒂瓦坎找到一个适合所有街道和建筑的测量单位。通过精确的计算，这个单位长度为1.059米。例如特奥蒂瓦坎的羽蛇庙、月亮金字塔和太阳金字塔的高度分别是21、42、63个"单位"，其比例为1∶2∶3。

◉ 羽蛇神金字塔的台阶

哈列斯顿在测量黄泉大道两边的神庙和金字塔遗址时，发现"黄泉大道"上那些遗址的距离恰好表示着太阳系行星的轨道数据。在"城堡"周围的神庙废墟里，地球和太阳的距离为96个"单位"，金星为72，水星为36，火星为144。"城堡"后面有一条特奥蒂瓦坎人挖掘的运河，离"城堡"的中轴线为288个"单位"，刚好是木星和火星之间小行星带的距离。离中轴线520个"单位"处有一座无名神庙的废墟，这相当于从木星到太阳的距离。再过945个"单位"，又是一座神庙遗址，相当于太阳到土星的距离。再走1845个"单位"，就到了"黄泉大道"的尽头——月亮金字塔的中心，这刚好是天王星的轨道数据。假如再把"黄泉大道"的直线延长，就到了塞罗戈多山山顶，那里有一座小神庙和一座塔的遗址，其距离分别为2880个和3780个"单位"，刚好是冥王星和海王星轨道的距离。

世界地理未解之谜

难道这一切都只是偶然的巧合？又假如说这是建造者们有意识的安排，那么"黄泉大道"很明显是根据太阳系模型建造的，特奥蒂瓦坎的设计者们肯定早已了解整个太阳系的行星运行的情况，并了解了太阳和各个行星之间的轨道数据。那么在混沌初开的史前时代，又是谁给建筑特奥蒂瓦坎的人以启示的呢？

纳斯卡地画出自谁人之手

一天，一位飞行员来到位于秘鲁首都利马的民族学博物馆，他自称在秘鲁的安第斯山一带纳斯卡高原的沙漠上，发现了古代印第安人的"运河"。他还拿出一张地图，上面用铅笔勾抹着一些奇形怪状的线条，作为自己所说的话的证据。

然而，馆长并不相信沙漠中会有运河，于是将那张地图放在了古文书保管所。几年过去了，这张地图到了历史学家鲍尔·科逊克的手里。

科逊克得到地图后不久，便带领着一支考察队来到了纳斯卡高原。在黑褐色的高原上，他们的确发现了十分明显的"白带"。在这条"白带"上，有的沟形状怪异，沿途崎岖不平；有的沟则笔直，长达 1500～2000 米。那些河床顶多深 15～20 厘米，即使在如此平坦的原野上，水也不会安然流淌在这样的运河里，用运河来命名它，似乎有些夸张。所以，用"沟"来称呼这条"白带"似乎更为准确。于是，这支考察队的队员们沿着弯曲的沟行走的同时，在地图上记下了沟的形状与方位。当他们完成沟的形状和方位的绘制后，惊奇地发现绘出的图就像一只喙部突出的巨鹰。

当考古学家们乘上飞机以一定的角度在纳斯卡高原上空缓缓盘旋时，数千条方向各异的线条分别组成了三角形、螺线、四边形等多种几何图形出现在他们的眼前。这些线条有十分精确的南北走向，误差不超过一度。但史料中没有关于南美居民持有指南针的记载，而且北极星根本不会出现在南半球，那么当时的画家是在怎样的条件下才画得如此精确呢？

科逊克等人在将星相图和纳斯卡高原平面图进行对照之后，发现整个四季的天文变化在这些地画中也有明确的显示。有的标记代表

● 有一些比较特别的地画并不在平地上，而是被发现于纳斯卡石谷中。

月亮升起的地点，有的画还指出了最明亮的星的位置。在这部地上"天文历"上，太阳系的各大行星都被标上了各自的三角形和线，点缀在南半球空中的众多星座也能够在地画中一一发现。

纳斯卡巨画被称为"人类第八大奇迹"，约在公元前200年至公元600年之间制作而成，面积为250平方千米。在纳斯卡高原荒凉的地面上雕刻这些风格独特的图案，充分展现了设计者的智慧。这些奇特的图形过于硕大，线条又极其简洁，以致人们在地面上是无法觉察到这是在地面上的一幅幅巨画。更令人难以置信的是，每隔一段距离这些栩栩如生的图形又重复出现，而且同种类的形象一模一样。线条所组成的图形大部分是动植物和人类的形象，有一个人形图案，是一个典型的印第安人的形象，画长约50米；动植物有蜥蜴、蜘蛛、鹰、蜂鸟以及仙人掌等图形。图形大小不等，所有的线条都极为挺直，而且转角、交叉处的棱角都很清楚。还有的地方纵横交错的线条就像今天的机场跑道和标志线，跑道的宽度不一，长短不一，有的长达2500米。

据考察，纳斯卡地画都是用同一方法绘制：刮去沙漠赤色砾石表层，露出下面的淡黄岩石。据专家计算，每砌成一条线条，就需要搬运几吨重的小石头。从痕迹来看，这些线条都是用手工刮的，没有使用牲畜作为劳力。线条之所以画得很直，有人认为可能是靠一连串杆子，以肉眼校准后画成。但令人难解的是，有些长达8000米的直线，每千米偏差居然不到2米，当时画线的人是怎样在这样长的距离，仍可把线校得那么直呢？另有一种说法认为，当时的制作者可能是先用设计图制作模型，然后把模型分成若干部分，最后按比例把各部分复制在地面上。还有一些人则认为，这些巨画是按照空中的投影在地面上制作的。这样解释虽能比较直截了当地解决设计和计算的困难，但当时的纳斯卡人又如何懂得飞行技术的呢，那么，又会是谁在空中进行投影的呢？

还有就是该怎样解释这些古迹得以长期保存的原因呢？有人推测，由于没有人在这里开垦种植，所以这些直线没有遭到破坏。而且这里的土壤由黏土和石膏构成，夜晚的潮湿使石头不断地沉入土壤；在白天，太阳晒干了表面，石头会更牢固地固着在土壤里。所以这些直线2000年后依然如故。

20世纪40年代，随着德国数学家和天文学家玛利亚·赖歇的到来，对纳斯卡直线的科学研究开始了。赖歇认为，这些直线是一部复杂的天文学日历。1965年，天文学家杰拉尔德·霍金斯来到纳斯卡，他在计算机中输入直线的地平经度和角度，确定它们指向天空的方向，看看是否与银河系中的恒星或行星有关。但结果是否定的，奥瑞菲奇等现代考古学家认为，这些直线并未隐藏玄机。

尽管人们对这些巨大的地画有着不同的解释，但大多数人都同意一点，即只有拥有

● 一只蜂鸟将细长的喙伸到延伸的直线上。

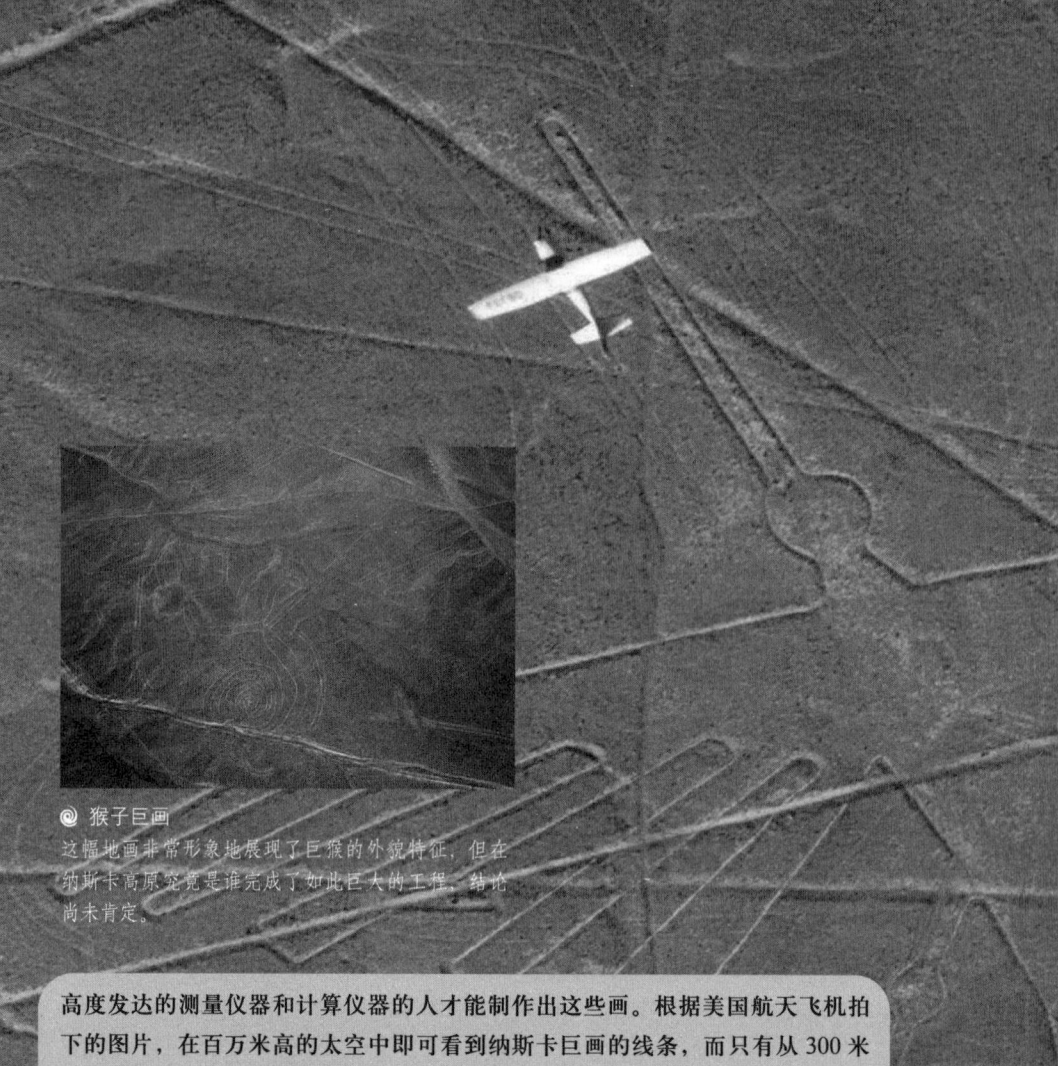

◎ 猴子巨画

这幅地画非常形象地展现了巨猴的外貌特征，但在纳斯卡高原究竟是谁完成了如此巨大的工程，结论尚未肯定。

高度发达的测量仪器和计算仪器的人才能制作出这些画。根据美国航天飞机拍下的图片，在百万米高的太空中即可看到纳斯卡巨画的线条，而只有从300米以上高空中才能看清这些巨画的全貌，因此，巨画只能是为从空中向下观看它的人绘制的。而在遥远的古代，有谁能从高空或太空中观看这些巨画呢？

著名考古学家丹尼肯认为这里曾经有一群外星人着陆，他们铺设了两条跑道作为临时机场。由于印加人的部落曾经仔细观察过这些让他们终生难忘的外星生物（或外星人）的工作，所以，他们极其热切地希望这些外星生物（或外星人）能够回来。在漫长的等待中，当他们的愿望实现不了的时候，他们便开始像外星生物（或外星人）一样在平地上仿造新的跑道线。起初人们借助画线方法并未将诸神召回，所以人们又开始刨出巨大的动物形象，描绘各种各样象征飞行形象的鸟，后来他们又描绘蜘蛛、鱼和猿猴的样貌。

而考古学家葛瑞姆·汉克则认为，这些图形和线条是半神半人的"维拉科查人"遗留下的作品，并不是出自凡人之手。这个族群在好几千年之前也将他们的"指纹"遗留在了南美洲安第斯山脉其他的地区里。

专家们通过对镶嵌在线条上的陶器碎片的检测，及对这儿出土的各种有机物质进行的碳 14 的测度，证实纳斯卡遗迹年代十分久远。大概是从公元前 350 年到公元 600 年不等的年代 。至于这些线条本身的年代，由于它们跟周围的石头一样，本质上都是无法鉴定年代的，所以专家无法做出推测。我们只能这么说：年代最近的线条至少也有 1400 年历史，但在理论上，后来的人携带这些我们据以推断日期的文物到纳斯卡高原也是很有可能，因此这些线条可能比我们推测的年代更为久远。

但以上的种种假设也存在着一些问题。首先，这些线条的坐标和动物的标志只有从高空中才能看出来，地面上的人如果没有先进的技术，根本无法画出来。其次，纳斯卡高原是一个十分贫瘠的地方，长久以来人烟稀少，恐怕将来也不会有大量人口移居这里，在这种地方又有谁去完成如此巨大的工程？

直到今天，人类仍然无法知道纳斯卡线条的真正用途和真正年代，更别说是谁画的。

◎ 在千奇百怪的地画中，有一幅蜘蛛图。这只蜘蛛以一条单线砌成，是纳斯卡最动人的动物寓意图形之一，这幅图可能是某个特权阶层的图腾，也可能与预卜未来的仪式有关。

的的喀喀湖——曾经的海洋？

● 太阳之门
位于的的喀喀湖附近的太阳之门石雕用独块巨石雕琢而成，在正前方的上端雕着太阳神的形象。

　　的的喀喀湖位于玻利维亚和秘鲁两国交界的科亚奥高原上，是世界最高最大的淡水湖，被称为"高原明珠"。传说水神的女儿伊卡卡私自与青年水手蒂托结为夫妇。水神发现后，一怒之下将蒂托淹死，伊卡卡悲伤不已，她将蒂托化为山丘，自己则变成浩瀚的泪湖。印第安人为了纪念他们，将他俩的名字合在一起称之为"的的喀喀湖"。

　　的的喀喀湖的湖盆从西北向东南延伸193千米，最宽处80千米。湖中共有小岛41个，岛上有巨石林立的山坡，也有绿树成行的沃野，常年栖息着多种鸟类。在这些小岛中最为有名的是玻利维亚一侧的太阳岛和月亮岛，岛上有印第安人的遗迹，其中，月亮岛上有众多公元前的古城遗迹，有精美壮观的"金墙"、"庙宇"、"金字塔"、"宫殿"及其他石头建筑物。20世纪80年代初，在帕利亚拉岛和科阿岛之间的湖底还发现了一座水下古城遗迹，其中有隧道、洞穴以及雕刻有图案的墙壁等。环湖的其他许多城镇也有古印第安文化遗址。

的的喀喀湖中及沿岸有丰富的自然资源。这里的特产是暗青色的香蒲草，它生长在湖岸，人们可以用它来编制小船、蒲席，建围墙和盖屋。从远古起，印第安人就用香蒲编成的小舟作为交通和下湖捕鱼的工具。至今湖中还有几十个用香蒲堆集而成的"漂浮岛"，岛上居住的是印第安乌罗族人，他们都以捕鱼为生。

● 安第斯山脉掩映下的的的喀喀湖
的的喀喀湖是世界海拔最高且适于航行的湖泊，秘鲁与玻利维亚的国境线通过此湖的中央。该湖分为大、小两湖，水色透明，虽稍含一些盐分，也可当饮水食用。

的的喀喀湖虽然位于高原之上，但在湖泊四周却发现许多海洋贝壳化石。科学家推测在很久以前，这里的高原应该还是在海底，大约在一亿年前由于地壳的变动，被迫推挤上升。虽然地壳的变动已是极为久远之前的事，但是现在的的喀喀湖中仍然存在着海洋生物，比如海马、绿钩虾及贝类。

难道的的喀喀湖的湖水原本就是来自海洋？根据现在周围陆地上古老海岸线的遗迹显示，的的喀喀湖的面积经历过大幅的改变。这条湖岸线，是从北向南倾斜下去的，并不是水平的，北端高出现在的湖面达295英尺，而南端距离现在湖南缘约400英里之外，却低于湖面274英尺。

此外，今天的蒂瓦纳科位于的的喀喀湖南岸12英里，地势比现在湖面高出100多英尺。如果说蒂瓦纳科在当时是的的喀喀湖畔的一个港埠，现在遗迹却又远离湖岸，那么蒂瓦纳科建城之后，当地地形必定经过明显的变化，不是湖面下降就是陆地上升。这一定是经过了一段相当长久的时间，问题是有多久呢？

2004年8月，意大利著名考古学家洛伦佐·艾比斯和他的考古研究小组在的的喀喀湖地区进行了一系列研究探索工作，并利用机器人深入到湖面以下100米的地方进行拍摄。拍摄到的照片显示，在的的喀喀湖底下隐藏着一座已经残破的古代建筑群遗址，估计这个城镇于1万年前消失。照片还拍到了一些陶瓷器皿以及一座镀金雕像，这表明当时在此居住的人们已经达到了相当高的文明程度。那会是个什么样的文明呢，还有待他们进一步的考证。

● 的的喀喀湖地区的印第安土著居民

大洋洲和南北极地区篇
DAYANGZHOU HE NANBEIJIDIQU PIAN

原始洞穴中的秘密
"梦幻圣殿"
地球上的不朽圣地
神奇的面纱威德

原始洞穴中的神秘手印

原始壁画中的手印

在澳大利亚有许多远古时期的洞穴，洞穴中画有许多奇怪的东西，例如军事武器的简化符号、抽象化的飞行器、人的手臂等等，还有各种各样的手印。

这些神秘的手印引起了考古学家的注意，他们考察了澳大利亚的民俗传统，发现在澳大利亚中部地区的土著居民中十分盛行一种贮存祖先灵魂的灵牌，当地人称其为"珠灵牌"。这种灵牌用木板或石板制成，外形为长卵形或椭圆形，长度从几英寸到几英尺不等。土著居民把珠灵牌看作是祖先"不朽而又不能被创造的"精神实体，他们认为，自从天地开创以来，祖先一接触地面，珠灵牌就被散布在地上了，这其中还包含着尚未诞生的灵魂。不论男女老少，人人都有一块珠灵牌。据说这块牌上附有死者的特性，其占有者能传承死者的特性，如果占有者将珠灵牌不慎遗失，将会被认为是最大的不幸。

由于珠灵牌至关重要，所以由部落里权力最高的人——图腾酋长保管。附在牌上的灵魂被分为两部分，收藏于室内的珠灵牌上依附着一部分，另一部分灵魂则会钻入从旁边经过的妇女的身体中，从而再度出生为一个婴儿，所以土著居民认为每个人都是图腾祖先的转世。对于妇女怀孕与男子是否有关系这一点，当地的土著人持根本否定的态度。他们认为妇女怀孕是某一个图腾祖先的神灵进入母体的结果，因此即使某人的妻子生了一个混血儿他们也不会感到丝毫惊奇，而只是觉得这很可能是她吃了欧洲人的白面粉的原因。正因为如此，珠灵牌成为每个人生命中最神圣的东西。据说如果当地土著人为了举行某种仪式，必须从洞穴中移走珠灵牌时，就要在这个洞穴的入口处留下该珠灵牌所有者的手印以"让灵魂知道"。

在当地的土著人中还盛行着这样一个习俗：当一个人

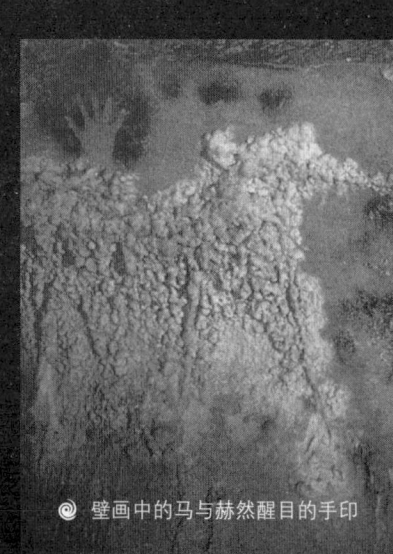
壁画中的马与赫然醒目的手印

结婚的时候，应在神庙中留下他右手的印记；而在他死去之后，则在神庙中留下左手的印记。从这些资料中可以推测出原始洞穴里的手印是旧石器时代的，它不仅表示一种企图去控制的力量，也很有可能是作为一种参与神圣仪式而留下的印记。但也有人认为这些手印是岩画作者留下的符号，意思是"我在这里"。

另有一些专家则提出了这样的观点，认为手印与狩猎巫术有关。A.R.韦尔布鲁真就认为在洞穴中印上手印是为了唤起"狩猎者的巫术能作用于被符号化了的动物"，或者是作为一种变感巫术的手段，以祈求使动物不断繁殖。还有人认为，它是一种为多生子而做的巫术留下的印记，目的在于想联系上"母神"。

S·古德恩则认为手印是一种"自残"行为，他说"自残了的手印像一个悲剧合唱中的迭句那样，在那里永远地呼唤着要求帮助和怜悯"。

此外，还有一种"为艺术而艺术"的解释，认为这些手印仅仅是属于儿童和妇女的，他们或是为了好玩，或是一个"审美显示"，所以在岩壁上印上手印。也有人认为手印只是婴儿的，是成年人把它印在岩石上面的，以此表示婴儿对某种社交活动的参与。而有的专家则认为所有手印均是作为妇女的性符号而存在的，与手印相伴的是一些点和短线的男性性符号。

澳大利亚原始洞穴中的神秘手印会是谁留下的呢？它是在什么情况下留下来的呢？以上种种推测，我们又究竟该相信哪一种呢？目前没有人能够告诉我们问题的答案，看来我们也只有耐心等待谜底的揭开。

◎ 母神

世界地理未解之谜

◉ 艾尔斯巨石从平原拔地而起，体积巨大。游客在100千米外即可望见。

"梦幻圣殿"
——艾尔斯巨石

◉ 从岩石流下来的雨水积成的美琪泉

乌卢鲁国家公园地处澳大利亚中心，属干旱地区，占地1325平方千米，为当地土著居民拥有，主要景点是艾尔斯巨石和奥尔加岩山。

艾尔斯巨石比周围荒漠平原高出348米，总长3千米，非常宽广，西低狭、东宽高，雄伟壮观，如巨兽卧地。石上鸟兽不栖，寸草不生，圆滑光亮，偶尔可以看到出没其中的蜥蜴。石上有许多奇特洞穴和裂缝，它们是因为风化而形成的。南壁上的裂缝在夕阳之下，极似一个完整的人头盖骨。另有一根依附于岩壁之上的石柱，人称袋鼠尾，长200多米。每天早晨天际露出一丝曙光，艾雅斯巨石开始明亮起来，渐渐显出轮廓。太阳射出第一道光线后，岩石便迸发出绚丽的色彩，嫣紫绯红各色在石壁上以惊人的速度互相追逐。随着日光照射程度的变化，岩石呈现出不同的颜色，有淡红、紫红、橘红、大红、赭红等颜色,到黄昏时,色谱上的所有颜色都显示过了。

这块岩石的主要成分是长石砂岩,还有铁的各种氧化物。正是因为这些成分,这块岩石每天随着时间的推移显出各种颜色。在风雨的侵蚀下,岩石上形成许多洞窟和水池,还有些看上去很像兽形或人形的沟壑和裂纹。下雨时,岩石呈现出另外一番景象,雨水填满水洞后四散溢出,瀑布般的雨水浇灌了干涸的溪流和沙地,为草木的生长提供了肥沃的土壤,青蛙、昆虫和鸟类也开始活跃起来。

巨大的艾尔斯巨石是平原地区最为壮观的地理特征,对生活在沙漠的人们来说,它具有十分重要的地位。人们不仅为它的巧夺天工而惊叹,同时还可循着历史的踪迹回到遥远的过去。据当地土著传说,艾尔斯巨石是他们祖先在天地形成时期开辟路径留下的标记。最早到澳大利亚的土著是5万年前从东南亚的岛屿迁来的。他们是游牧民族,有六七百个部落,他们以捕猎为生,使用独特的飞镖和投矛器,此外还采摘水果和植物根茎。每个部落都是由多个自治团体组成,成员包括一名男子和他的兄弟妻儿等。女性享有平等地位,两性各有自己祭祀的地方和仪式。

土著认为这块土地是祖先留给他们守护的,而艾尔斯巨石更是这块土地上最重要的部分,它上面的每道裂缝对土著都有重大意义。对于当地的土著来说,艾尔斯巨石不仅仅是奇观,更涵盖了悠长的文化与神圣的先祖双重意义。

当地土著人视巨石为神圣不可侵犯的圣物,但许多旅游者仍然在那里取走一块岩石作为旅游纪念品。有趣的是,在过去的10年里,成千上万块石头从世界各地寄回来,一些偷走石头的游人甚至没有顾及昂贵的国际邮费。许多寄件人在附信中称,这种红色岩石给他们带来了坏运气,因此他们决定将它物归原主,其中一名德国旅游者居然寄还了一块重达9公斤的石头。一名英国旅游者称,"自从我们把石头带回来之后,我的妻子就得了中风,而孩子们也遇到一些可怕的事情。我们什么也没做,但是运气相当背。"据称,这种情景每天都发生。这块充满着神秘和传说的赤色巨石,难道真是土著祖先留下的守护神?

岩石层层剥落,称为球状风化。

● 艾尔斯巨石是物理风化和化学风化共同作用下的产物,一般称为岛山。雨水不断侵蚀岩石的表层,热昼和凉夜则使岩石日复一日经历膨胀和收缩的过程,最终致使岩石表面开裂。

137

世界上最大的珊瑚礁

大堡礁位于澳大利亚昆士兰州以东，巴布亚湾与南回归线之间的热带海域，东西宽20～240千米，南北长约2000千米，这里有上千个珊瑚岛礁和沙滩，是世界上景色最美、规模最大的珊瑚礁群。

珊瑚虫分泌出的石炭性物质和骨骼以及单细胞藻类等残骸堆积起来，形成礁区。随着时间的推移，礁区不断扩大，露出水面的珊瑚礁群就成为海岛。在礁群与海岸之间是一条极方便的交通海路，风平浪静时，游船在此间通过，船下连绵不断的多彩、多形的珊瑚景色，就成为吸引世界四方游客来猎奇观赏的最佳海底奇观。

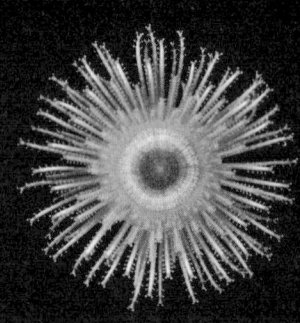
◉ 银币水母

300多种活珊瑚生活在这个地区。它们有着千姿百态的形状。有的似开屏的孔雀；有的像雪中红梅；有的形状如鹿茸，浑圆似蘑菇；有的白如飞霜，绿似翡翠，像灵芝，像荷

◉ 大堡礁俯拍图

叶……莫可名状，形成一幅蔚为壮观的天然艺术图画。

珊瑚礁将湖包了个严实，这里风平浪静，是天然的避风港。各种鱼类、蟹类、海藻类、软体类，五彩纷呈，琳琅满目，透过那清澈的海水，历历在目。比如：欲称霸海洋的鲨鱼，漂亮华丽的狮子鱼，好逸恶劳的印头鱼，脊部棘状突出释放毒液的石头鱼，令人生畏、古怪的巨蛤，柔软无骨的无壳蜗牛，硕大无比的海龟，斑点血红的螃蟹……被潮水冲上来的大小贝壳安安静静地躺在沙滩上，闪烁着光芒；退潮时来不及逃走的大龙虾长达1米，与肥美的海参大饱幸运者的口福。

每年7～9月，濒临灭绝的座头鲸出现在珊瑚岛南部。它体长15米，大的座头鲸体重在40吨以上，但这是一种温和的海洋哺乳动物。这里还能看到大量的儒艮，也就是海牛，它们是唯一以植物为生的海洋哺乳类动物。

每年的10月到次年3月，海龟来到雷恩岛产卵，它们如今已濒临灭绝，这里是它们的一个主要繁衍地。

大堡礁大部分隐没在水下成为暗礁，只有顶部露出海面的成为珊瑚岛，总面积约8万平方千米。在大堡礁和珊瑚海范围内，点缀着大大小小600多座珊瑚岛。稍大一些的岛屿上，已经有了深厚的土层，岛上椰林、木瓜、香蕉、面包果树长得非常茂密，栖息着成百万只海鸥和燕鸥。澳大利亚政府还在大堡礁的一部分岛礁上建立了庞大的海洋公园，游客可以透过深入水下的长廊，尽情地欣赏海底珊瑚礁和海底生物的奇妙景象。

大堡礁是世界上最有活力和最完整的生态系统，珊瑚礁能够对海岸形成很好的生态

保护作用，还能保护生物的多样性，在水下可以看到，各种生物都在珊瑚的孔隙里面生活，珊瑚成了它们的保护所，而且在里面还能找到很多食物，众多动物共同组成了一个水下大家庭。但这里的平衡也是最脆弱的，如在某方面受到威胁，对整个系统来说将是一种灾难。大堡礁禁得住大风大浪的袭击，但最大的危险却来自人类。

在20世纪六七十年代，由于人类大量捕鱼、捕鲸，进行大规模的海参贸易等，已经使大堡礁伤痕累累。游客捡光礁石上的以刺冠海星为食的法螺，导致刺冠海星的数量激增。由于刺冠海星会把消化液吐在珊瑚上，令珊瑚死亡。随着刺冠海星的剧增，威胁到大堡礁的生态，只有保护法螺，才能减少刺冠海星，但部分珊瑚礁的生态平衡必须花上40年才能恢复。

据国际的新研究指出，大堡礁的危险比从前想象的大得多，在50年内将开始碎裂。那么将来的某一天，这片美丽的水域是否真会因为人类的活动而消失呢？

1	海龟
2	黄色穴海绵
3	管状海绵
4	儒艮
5	海藻
6	龟藻
7	盘珊瑚
8	蓝点魟
9	鳂鱼
10	鹿角珊瑚
11	灌木状珊瑚
12	有六条斑纹的鲹
13	枝状珊瑚
14	珊瑚鳕
15	柳珊瑚
16	软珊瑚
17	海豚
18	蜣状珊瑚
19	海扇
20	鲨鱼

南极冰层下的秘密

地球上最冷的地方非南极莫属，这里的平均气温为 −79℃。地球上有记录的最低温度就是在这里产生，苏联科学考察队员曾测到一个令人吃惊的低温：−88.3℃！

如此低的气温是南极终年为冰雪所覆盖的主要原因。南极大陆总面积约为1400万平方千米，裸露山岩的地方还不到整个南极大陆的7%，其余超过93%的地方全都覆盖厚厚的冰雪。从高空俯瞰，南极大陆是一个高原，它中部隆起，向四周逐渐倾斜，巨大而深厚的冰层就像一个银铸的大锅盖，将南极罩得严严实实。因此，南极大陆上的冰层又被人们形象地称为冰盖。南极冰盖最厚的地方甚至达到了4800米，平均厚度也有2000米。当南极处于冬季时，海洋中的海水全部都冻成了海冰，大陆冰盖与海冰连为一体，形成一个巨大的白色冰原，面积超过了非洲大陆，达3300平方千米。

由于南极大陆的真面目被严严实实地掩藏在冰盖之下，人类想要了解它就更加困难了。但人类的探索欲望是非常强烈的，许多国家都投入了大量的人力和物力组织实施南极科考活动，并取得了一些具有重要科学意义的成果。

经过考察，人们发现南极大陆蕴藏着很多宝贵的资源。如1973年，美国在罗斯海大陆架上发现了石油和天然气。据说南极石油储量十分惊人，仅南极大陆西半部分所蕴藏的石油就可能是目前世界年产量的2～3倍。此外，人们还陆续在这里发现了约200余种矿物，包括金、铜、铂、铅、镍、钼、锰等金属和钴、铀等放射性矿物。

科学家们认为，既然南极有如此丰富的资源，那么南极大陆在地球早期肯定不会是如此寒冷，那时的气候肯定非常温暖。对于此种推测，科学家们是这样解释的：在1亿年前，地球上存在着一块更大的陆地——冈瓦纳大陆，这块大陆包括现在的南极洲等许多地方。当时气候温暖，成片茂密的热带雨林随处可见。后来，海底扩张，大陆漂移，一部分大陆变成了今日的非洲、南美洲、澳洲、塔斯马尼亚岛、印度次大陆和马达加斯加岛；而另一部分则继续向南漂移，成为现在的冰雪世界——南极大陆。

人们发现，在南极冰层中还隐藏着无数的秘密，各国的科学家们每次到南极考察都有不少的收获。他们曾在冰层里发现了来自宇宙的类似于宇宙尘埃的宇宙空间物质、实验原子弹时的人工反射性降落物、陨石以及各个时期人类留下的垃圾等。为了弄清楚这些物质的分布状态，人们对冰层的各部分进行垂直取样。通过分析，发现了许多极具研究价值的信息，为人类研究地球和宇宙的关系，以及近年来地球的污染程度提供了科学依据。此外，科学家们还可以通过分析冰层中所含的气体成分，了解地球古代和现代空气的成分及其变化等情况。

我们常常可以看到媒体对科学家赴南极考察的报道会用到这么一个词——"钻取冰核"。为什么要在南极冰原上钻取冰核呢？原来，各个"冰期"以及火山喷发、风雨变化都会在冰原中留下痕迹。科学家认为，如果能充分地了解这些信息，那么人类就可以预测以后的命运了。南极冰盖是在低温环境下经过千万年的日积月累形成的，因此，人们在这里可以发现大量的地球演变信息，这里就像是一个珍贵的地球档案馆，成为各国科学家向往的"天然研究室"。他们通过对从南极冰盖2083米深处取出的冰芯进行分析，得出了其中的氧同位素、二氧化碳、尘埃以及微量元素等信息，揭示了最近16万年中地球气候变化的情况。

更为神奇的是，科学家在冰层中居然找到了细菌的影踪。

美国科学家宣布，他们在南极腹地很深的冰层下找到了细菌生存和繁衍的证据。这种类似于放线菌的菌种是在南极孚斯多克湖上面的冰层里被发现的，这里也是苏联科考人员测量到地球上最低气温的地方。科学家认为，这种细菌通常生活在土壤里，可能是随着小块土壤被风刮到湖泊里并被埋在了那里，或者它们原本就长在湖里，后来被冰冻结在那里，永远也出不来了。据介绍，这些细菌可能已在湖里呆了50万年以上了。

冰雪的覆盖给人类了解南极造成了很大的困难，那么，如果冰减少或消失是否就会改变这种情况呢？如果真的发生了这种情况，那对人类来说将是一场巨大灾难。根据科学家的计算，如果南极冰盖完全融化，那么海平面将平均升高50～60米。如此一来，地球上许多沿海的低海拔地区将会成为一片泽国。

近年来，地球变暖的问题引起了人们的关注。人们对此进行了各方面的探讨，南极——地球的冰库自然也在人们的考虑范围之内。人们担心南极冰层是否会因大气变暖

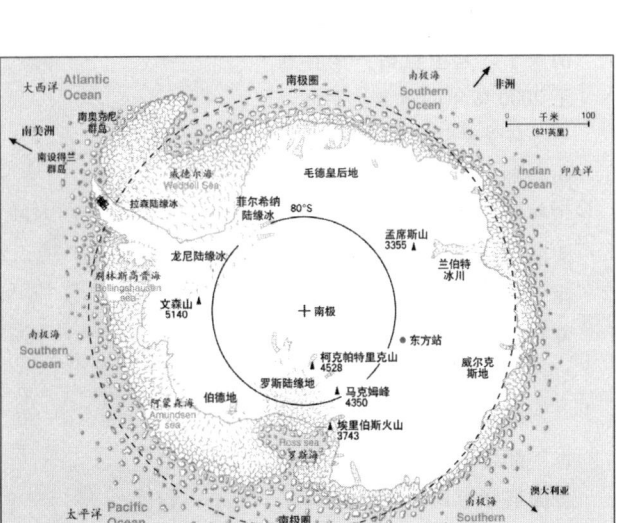

● 南极地形示意图

冰雪溶解后的南极想像图

而融化消失。科学研究表明，现在南极大陆与2万年前的冰川活动极大期相比，西部的冰层减少了约2/3，全球海平面因此升高了11米；而在南极大陆的东部冰层厚度则没有多大变化，既没增多，也没减少。

尽管导致冰层减少的因素很多，但有一个重要因素几乎已经为全世界所公认，那就是全球变暖。在整个20世纪，地球的平均气温上升了0.6℃～1.2℃。南极大部分地区的温度升高得更快，变暖情况更为严重。其中，温度升高最快的是与南美洲毗邻的南极半岛。这片向南美洲方向延伸、长度超过1500千米的狭长陆地，气温竟然上升了约10℃，是地球平均水平的10倍！南极变暖的情况在过去的50年里尤为严重，南极半岛上至少有7个大冰架已消失了，其中包括一个存在了2000多年的冰架。对此，一些科学家发出了严正警告：南极洲一些地区的冰层正在飞快地消失，人类从事的过度的工业活动违背了自然规律，导致地球气候变暖的情况越来越严重，这样下去后果将不堪设想。

目前，全世界的海平面每年都以2毫米的速度上升，各国科学家纷纷对此进行了研究。美国哥伦比亚大学拉

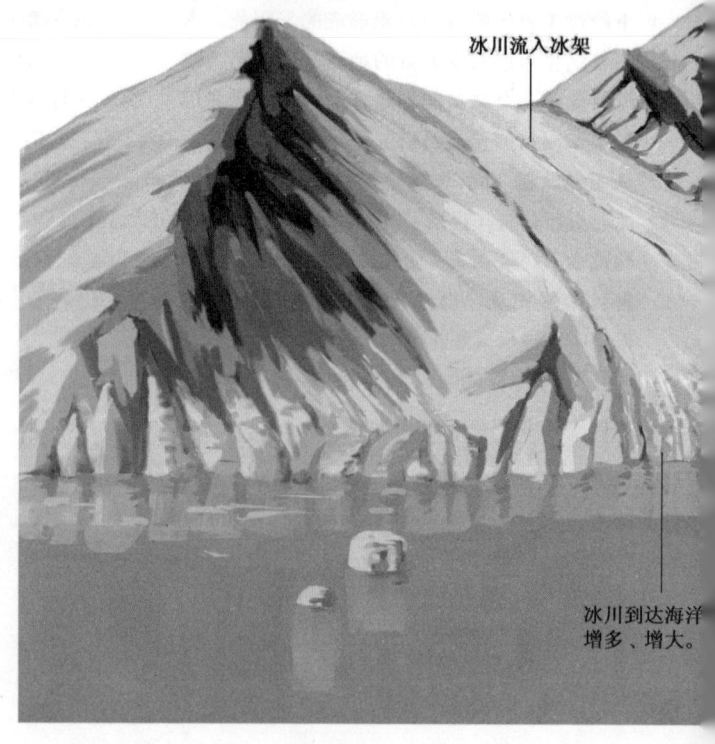

冰川流入冰架

冰川到达海洋增多、增大。

蒙特多然蒂地球观测站的斯坦·雅各布认为，导致海平面上升的一个重要原因就是南极冰层的融化。如果真像这些科学家所推断的那样，气候变暖造成了海平面的大幅度上升，那么，南极西部冰原终将受此影响而坍塌。

美国地球物理学家罗伯特·宾德斯查德勒多年来一直在研究冰川。据他猜测，南极西部冰原数千年来一直处于坍塌的过程中。同时他还承认，南极西部冰原的坍塌并非杂乱无章，而是呈有序性；并且他还预测，西部冰原会在一两千年后完全坍塌。

南极考察中最便利的交通工具——电动雪橇

冰原坍塌的过程早已开始的观点也得到很多研究人员的认同。美国科罗拉多州博尔德国家冰雪研究中心的研究人员泰勒·斯坎姆分析了卫星图像后说："我看到一个冰原正在坍塌。"不过，他认为造成冰原坍塌的还有许多未知因素，各种变化只有经历数千年的时间才会显现出来。以上各种论断孰是孰非，目前科学界尚无权威定论。

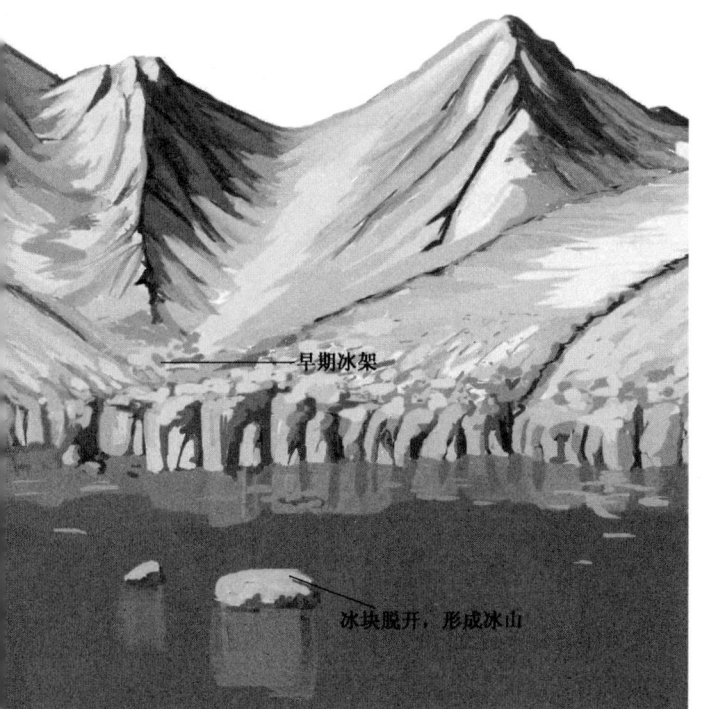
早期冰架
冰块脱开，形成冰山

● 南极冰山形成示意图
南极大陆的冰原，大体呈一盾形，中部高四周低。在重力作用下，每年有大量的冰滑入海中，在周围的海面上集结成广阔的陆缘冰。这些冰山随风和洋流向北漂移，在寒冷的季节甚至可漂到南纬40°。

145

风和海浪推动浮冰

海豹

神秘的"无雪干谷"

南极大陆素有"白色大陆"之称，95%以上的面积为厚度惊人的冰雪所覆盖。但千里冰封的南极洲也有绿洲，你相信吗？

1974年2月末的一天，领航员班戈带领一架美国飞机在南极大陆的南印度洋沿岸上空飞行，突然他惊呆了。他发现一片无雪的土地，周围的冰墙就像一个扇形的屏风。山谷中没有积雪的土地中间，分布着一些不冻的湖泊。后来，人们给它起名"班戈绿洲"。

所谓南极绿洲，并不是像沙漠绿洲那样——郁郁葱葱的树木花草之地，而是探险家、科学家由于长年累月在冰天雪地里工作，当他们发现没有冰雪覆盖的地方时，不禁备感亲切，便将这些地方称为南极洲的绿洲。南极绿洲占南极洲面积的5%，含有干谷、湖泊、火山和山峰。

在南极洲麦克默多湾的东北部，就有三个相连的谷地：维多利亚谷、赖特谷、地拉谷。这段谷地周围是被冰雪覆盖的山岭，但奇怪的是谷地中却异常干燥，既无冰雪，也少有降水，到处都是裸露的岩石和一堆堆海豹等海兽的骨骸，这里便是一个神秘的"无雪干谷"。

当科学家们探测至此，他们对于岩石边的兽骨百思不得其解。最近的海岸离这里也得有数十千米，而远一点的海岸则要有上百千米。习惯于在海岸旁边生活的海豹一般情况下不会离开海岸跑这么远，可这些海豹偏偏违背了通常的生活习性来到这里。那么，海豹为什么要远离海岸爬到"无雪干谷"呢？

一些科学家认为，这些海豹来到这里是因为在海岸上迷失了方向。在这个没有冰雪的无雪干谷地区，海豹们因为缺少可以饮用的水，力气耗尽而没能爬出谷地，最后干渴而死，变成了一堆堆枯骨。

由于存在着鲸类自杀的现象，一些科学家认为这些海豹跑到无雪干谷地区就像鲸类一样自杀。可是并没有充足的理由证明这是海豹自杀，因而有些科学家认为，这些海豹可能是受到了什么惊吓，在一种什么东西的驱赶下才到了这里。那么海豹在过去的年代里到底是惧怕什么而慌不择路呢？又是一种什么样的东西将它们驱赶到这里呢？这真是令人费解。

除了神秘的兽骨，无雪干谷还有许多让人无法解释的景观。

科学家们发现一个面积达2500多平方千米的"不冻湖"，湖水已被严重污染，时有间歇喷泉涌出水面。科学家们对这个湖所处的地理环境进行了一系列考察，发现在它附近不存在任何火山活动等地热现象。为此，科学家们对于出现在这严寒地带的"不冻湖"现象感到百思不得其解。

一些科学家在分析了"不冻湖"现象后认为，这个湖实际上是一潭死水，它被群山环抱，因而热量很容易聚集。这里的冰层起到了一个透镜的作用，而透镜的焦点就在湖面上，冰层将太阳光聚集在湖面上，成了湖上的一个热源。此外，当阳光照在四面冰山上的时候，就有一部分阳光被折

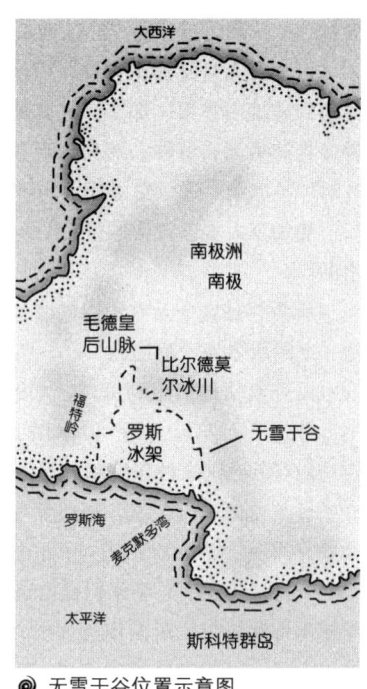

◎ 无雪干谷位置示意图

◎ 南极大陆是最荒凉的大陆，是唯一没有任何树木的大陆，由于南极大陆降水量很小、满目荒凉、动植物种类稀少等原因，有人干脆把南极大陆称为"白色的沙漠"。

射到这个"聚焦镜"上,经过漫长的岁月,就形成了这一冰川上的"不冻湖"。

但也有人对此提出异议,为什么湖上的冰不会因为太阳光的照射而融化呢?如果湖上的冰起到透镜的作用,那么,在其他的地方为什么没有形成这种特殊的"透镜"呢?尽管有多种多样的猜测和解释,然而到现在为止还没有一个令人满意、使人信服的结论。科学家们仍在对"不冻湖"进行更加深入的研究。

更加令人难以置信的是,科学家们在这个千里冰封的世界里还发现了一个水温较高的"热水湖"。

新西兰在这个无雪干谷的腹地建立起一座考察站,并根据考察站的名字,把考察站的旁边一个湖取名为"范达湖"。一些日本科学家在1960年实地考察了无雪干谷的范达湖,奇异的水温现象使他们感到惊讶,水温在三四米厚的冰层下是0℃左右,水温在15~16米深的地方升到了7.7℃,到了40米以下,水温竟然跟温带地区海水的温度相当,达到了25℃。科学家们对范达湖这种深度越大水温越高的奇怪现象兴奋不已,纷纷来到这里进行考察。

日本、美国、英国、新西兰等国的考察队从各个角度对这一疑团加以解释,争论不休。其中有两种学说颇为盛行,一种是地热说,一种是太阳辐射说。

坚持地热说的科学家们提出这样的观点:罗斯海与范达湖相距50千米,在罗斯海附近有默尔本山和埃里伯斯两座活火山。前者是一座正处于休眠期的活火山,后者至今仍在喷发。这表明这一带的岩浆活动剧烈,因此会产生很高的地热。在地热的作用下,范达湖就会产生水温上冷下热的现象,然而有很多证据却表明,在无雪干谷地区并没有任何地热在活动。因此,这一观点并不足以解释上述现象。

坚持太阳辐射说的专家们则认为,在长期的太阳照射下,范达湖积蓄了大量的辐射能。当夏天到来时,强烈的阳光透过冰层和湖水,把湖底、湖壁烘暖了。湖底层的咸水吸收、积蓄了大量剩余阳光中的辐射能,而湖面的冰层则是很好的隔离屏障,阻止了湖内热量的散发,于是产生一种温室效应。南极热水湖含有丰富的能有效蓄积太阳能的盐溶液,这就是范达湖

● 1982年12月9日,阿尔弗雷德·魏格纳极地与海洋研究所的双层壁破冰船"极地之星号"开始启用。12月27日,该船首航南极。

148

的温度上冷下热的原因。但有许多人并不同意此种说法。他们认为：南极夏季日照时间虽长，但很少有晴天，因此地面能够吸收到太阳的辐射能很少，再说又有90%以上的辐射能被冰面反射。另外，暖水下沉后必然使整个水层的水温升高，而不可能仅仅使底层的水温升高。这样一来，太阳辐射说的理论似乎又站不住脚了。

美国学者威尔逊和日本学者鸟居铁经过多年的研究，提出了新的论点：虽然南极的夏季少晴天，致使地表只能吸收很少的太阳辐射，但是透明的冰层对太阳光有一定的透射率。这样，靠近表层的冰层会或多或少得太阳辐射的能量。此外，冬季凛冽的大风会将这一地区的积雪层吹得很薄，而每到夏季，裸露的岩石又使地表能够吸收充足的热量。日积月累，湖水表层及冰层下的温度便有所上升，最后达到融化的程度。由于底层盐度较高，密度较大，底层不会上升，结果就使高温的特性保留下来。同时，在冬天时表层水有失热现象，底层水则由于上层水层的保护，失热较少，因而可以保持特别高的水温。据一些科学家的观测记录显示，此说法还是有一定说服力的。

● 班戈绿洲的面积大约有500平方千米，常年刮风。在这个绿洲中，有一些沙丘，沙丘间的谷地有的干燥，有的积水成湖。

神奇的南极威德尔海

在南极，有一个极为神秘的海叫作威德尔海，它是南极的边缘海，南大西洋的一部分，位于南极半岛同科茨地之间，最南端达南纬83°，北达南纬70°，宽度在550千米以上。它因1823年英国探险家威德尔首先到达于此而得名。许多探险家因为它的魔力而视其为畏途，那么，威德尔海到底具有什么魔力呢？

流冰的巨大威力是威德尔海最大的魔力。南极的夏天，在威德尔海北部，经常有大片大片的流冰群出现。这些流冰群首尾相接，像一座白色的城墙，连成一片，有时还会有几座冰山漂浮于其中。有的冰山有一两百米高，方圆两三百平方千米，就像一个大冰原。在流冰群的缝隙中船只航行异常危险，说不定什么时候流冰就会把船只撞坏或者使船上驶入"死胡同"，再也无法冲出，航船便永远留在这南极的冰海之中。1914年，威德尔海的流冰就吞噬了英国的探险船"英迪兰斯"号。

在威德尔的冰海中航行，风向对船只的安全意义重大。在刮南风时，流冰群会散向北方，这时就会有一道道缝隙在流冰群之中出现，在缝隙中船只就可以航行。如果北风刮起，流冰就会挤到一起，船只就会被包围。所以，在威德尔海及南极其他海域，一直有"南风行船乐悠悠，一变北风逃外洋"的说法。至今，各国探险家们还不敢违背这一信条，足见威德尔海"魔力"之大了。

威德尔海的另一魔力就是绚丽多姿的极光和变化莫测的海市蜃楼。船只航行在威德尔海中，就像飘游在梦幻的世界里。它那变幻莫测的自然奇观，既使人感到神秘，又令人恐惧。有时，船只正在流冰缝隙中航行，突然陡峭的冰壁出现在流冰群周围，好像冰壁将船只包围，挡住了去路，似乎再没有出路，使人惊慌失措。霎时，这冰壁又不复存在了，使船只转危为安。有时，船只明明在水中航行，突然间好像开到冰山顶上，船员们顿时被吓得一个个魂飞胆丧。不知有多少船只被大自然演出的这一场场闹剧引入歧途，有的受幻景迷惑而进入流冰包围的绝境之中，有的竟为避虚幻的冰山而与真正的冰山相撞。

● 威德尔海天空下的流冰

北极的飞碟基地

图片右上角的发光圆盘被认为是UFO，飞机遮住太阳的光线让它显得更为明显。

有谁会相信地球内部可能存在着飞碟基地？但根据飞碟专家的深入研究发现，飞碟的来源存在三种可能性，即外太空、内太空和穿过时间隧道的未来人，这里的内太空就是指从地心到大气层的地球本身。对地球内部存在着飞碟基地的说法，许多人认为不可置信。

但是，曾任美国海军少将的拜尔德在不久前公布的驾机探访地心飞碟基地的神奇经历，使地心存在飞碟基地的说法得到佐证，也使飞碟和外星人再次成为人们关心的焦点问题。

拜尔德将记载他那神奇经历的日记公开。根据他的日记，他曾于1947年2月率领一支探险队从北极进入地球内部，发现那里存在着一个庞大的飞碟基地和生活着许多种原已在地面上绝种的动植物，并且他们还在这个基地上发现拥有高科技的"超人"。

据拜尔德飞行日记所载，探险队驻扎在北极地区某一基地内。一切准备妥当后，2月的一天，他们无意中驾驶飞机进入一个地方，发现那里地势平坦，而且还分布着闪闪发光的城市，而他们驾驶的飞机似乎被某一种奇特的浮力托着。在这种无形力量的支配下，拜尔德无法控制飞机，指南针和六分仪不停地旋转抖动，也无法测出飞行方向，从望远镜中拜尔德吃惊地发现了地球上早已绝种的猛犸，继而又看到绿色的起伏山丘。几分钟后，各种仪器恢复正常，无线电通讯却失灵了，在舱门右侧和上端出现带有无法明了其义的符号的碟形发光飞行器。更不可思议的是，竟从无线电传出带着德语音调或北欧音调的英语"欢迎将军的光临"，并让拜尔德放心，说过不了7分钟，飞机将完全降落。话一说完，飞机的引擎停止运转，在轻微的震动中，飞机平安着陆，这时几位没有携带任何武器的，金发碧眼、皮肤白皙、

体形高大的人出现了。

在基地，拜尔德和无线电通信员受到热诚地款待，他们遇到一些人，通过与那些人的交谈，他得知这个地下世界名叫"阿里亚尼"。这个基地的人对外界的关注始于美军在日本广岛投下两颗原子弹，为了调查那个时代发生的事，他们派遣许多飞行器到地表活动。他们自称，地上世界的文化和科技要比地下世界落后数千年，他们原先对地上世界的战争不

◎ 正在机上检查仪器的拜尔德
拜尔德所言确有其事，还是一番耸人听闻的谎言？

加干涉，但因原子武器破坏性太强，他们不愿再见到人类使用原子武器，因此曾派人与超级大国交涉，希望能劝他们停止使用原子武器，可惜未成功。这次借邀请将军的机会警告地上世界可能会走上自我毁灭。那些人还对地上世界派出的使者的不友好待遇发出抱怨，声称飞行器经常遭到战机的恶意攻击。人类文明之花遭受战争的践踏，人类社会的黑暗幕布已经降落，这些将使全世界陷入混乱中，世界将成为一片废墟，但地下世界的人将协助地上世界的人从废墟中重建新世界。

结束会晤后，拜尔德沿原路前往通信员停留的地方。临行前，无线电传来德语"再见"，他们经由两架飞行器的引导而升空至823米，27分钟后，他们平安地在基地着陆。

拜尔德一回到美国随即参加美国国防部的参谋会议，并且向杜鲁门总统做了汇报。为了证明他所作汇报的真伪，他被最高安全部门及医疗小组调查，后被有关方面告知严守机密。拜尔德身为军人，只能服从命令，因此，关于那个基地的秘密，被美国政府封锁了多年，但在他1965年12月24日的日记中，他写道："那块土地在北极，那个基地是一个巨大的谜。"

拜尔德公开的日记的真伪一直为世人所争论，"阿里亚尼"是否真是一个飞碟基地也一直为科学家所争论不休，但无论如何，内太空作为飞碟的来源之一存在可能，它的确定还等着科学家的进一步研究。

◎ 国外科幻杂志封面，飞碟被绘制成可以悬浮于空中的巨盘。

科幻世界中的飞碟所依据的形象,与发现于世界各地的不明飞行物相类似。

其他世界名胜简介

书中介绍的秘境，有些美不胜收，有些超尘脱俗，有些兼而有之，吸引了无数求知者。在这个简介里我们还将介绍世界上一些其他名胜奇景，简介中的地理名词先以五大洲分类，其下依其所在国家或地区的地理位置排列；国家或地区中如有数个词条，则再以笔画排序。每个词条下皆有简明扼要的说明，且详加解释地理名词的历史意义。

戈壁沙漠（中亚）

戈壁沙漠是世界最大的沙漠之一，它是个弧形地带，长1600千米，从中国北部一直延伸到蒙古东南，面积130万平方千米。沙漠位于海拔900～1500米的高原上，主要由光秃的砾石组成，尤其是东部；在西部则有沙漠区。

戈壁沙漠中的野生动物包括骆驼、野马、野驴和啮齿动物如土拨鼠和黄鼠。在沙漠中曾经发现恐龙、哺乳动物的化石和史前工具。

帕穆克卡莱温泉（土耳其）

帕穆克卡莱温泉起源于代尼兹利城北面20千米处的卡尔达吉山，溪水往下流过一系列台阶地，每块台阶地上都有由石灰华或固化碳酸钙堤坝拦截成的水塘。当溪水急剧下泻穿过阶地的边缘时，阳光的热量使水分蒸发，留下矿物沉淀而形成石灰华。在现今的帕穆克卡莱市附近，有座名为赫拉波利斯的古罗马矿泉疗养所的废墟。由此证明，即使在古罗马时代，已相信此地的矿泉水具有治疗作用。

奥列佛山（东耶路撒冷）

由石灰岩层构成的奥列佛山位于耶路撒冷东面，对于犹太人和基督徒来说，这是个神圣的安葬地，也是传说中耶稣升天的地方。自从所罗门和大卫王时代开始，奥列佛山即是圣地；而从4世纪起，此地即是基督教堂和神殿的聚集地。奥列佛山共有3座山峰，最北的斯科帕斯峰高818米。

西奈山（埃及）

花岗岩的西奈山位于西奈半岛中西部，海拔2285米，它也称为摩西山。由于上帝在此递交摩西刻有《十戒》的书板，因此它成为基督徒、犹太教徒和回教徒朝圣的地方。西奈山北坡山脚下的圣凯瑟琳修道院，至今仍住有信奉正教的僧侣，这是世界一直有人住的最古老修道院。

肯亚山（肯亚）

肯亚山位于肯亚中部、乃洛比东北112千米处，是非洲第二高峰，仅次于乞力马扎罗山，它有3个主峰：巴蒂安峰（5199米）、内里恩峰（5188米）和雷纳纳峰（4985米）。站在肯亚山上有时可以瞧见320千米外的乞力马扎罗山的山顶；这是地球上最长的实体视线之一。

阿及尔高原国家公园（阿尔及利亚）

此国家公园位于撒哈拉沙漠中，沙石被自然力量蚀刻而成"石林"。令人印象深刻并且有重要意义的是，岩石上的象形文字和绘画，绘画的作者不详，象形文字也难以解读，图画中的水牛、犀牛、长颈鹿和大象表明这个地区应不像今天这样干旱。

匈奴墓（荷兰）

在埃森市和阿门市之间的一块狭长土地上，有50多座可追溯到公元前3400至2300

年的长石板墓,被称为匈奴墓。每座石板墓有间长墓室,墓室中以巨石横在上方作梁,其中并由小石块组成的石头围着。据推测此种建筑形式源于波兰或德国中部,但古墓是谁建造的,则仍旧是个谜。

埃武拉古墓(葡萄牙)

在葡萄牙古城埃武拉东面的瓜迪亚纳河畔,有块欧洲最早的墓地。根据墓中发现的陶瓷碗和燧石刀断定,此墓地可追溯到公元前4000年。墓的侧壁采用约1.5米高的石板筑成,墓顶呈拱形。墓地建造者始终是个谜,但相信以巨石建造坟墩的习惯就是从此地区传出去的。

维苏威火山(意大利)

维苏威火山位于砍帕尼亚省那不勒斯市东南约15千米处,矗立在那不勒斯海湾,海拔1277米。它是欧洲大陆唯一的活火山,包含圆周1400米、深216米的火山口。维苏威火山最有名的爆发,发生在公元79年,当时,火山碎片掩埋了庞贝、斯塔比埃和赫库阑尼姆等城市。最近一次的火山爆发是发生在1944年。

奥林匹斯山(希腊)

奥林匹斯山位于现今赛斯利省和美赛多尼亚省的交界处,高2917米,是希腊的最高点,直至1913年才被人类征服。荷西在《奥德赛》一书中,将奥林匹斯山描绘成远离风暴、空气清新的地方,经常被云雾笼罩。

"摔破脑袋"的野牛群(加拿大)

"摔破脑袋"位于艾伯塔的迈克利德要塞附近,长期以来土著为了狩猎野牛,把它们赶到一个高10米的悬崖上面摔死。此种野牛狂奔的壮景,大约开始于公元前4000年,一直延续到19世纪初期,地名很生动地描绘出6000年来一直发生在此的景色。

火山口湖(美国)

火山口湖是由水注满破火山口而形成的湖泊,位于俄勒冈州火山口湖国家公园梅扎马山的塌陷山顶中。此湖宽10千米,面积约52平方千米,最大深度590米。此火山湖没有入口,也没有出口,但水位基本上保持不变,这是因为降雨和冰雪融化的水量与湖面蒸发的水量差不多相等。

魔鬼塔(美国)

这块巨石屹立在怀俄明州东北,临近贝尔富什河,是火山岩浆的杰作,高263米,底座直径305米,表面覆盖着许多有沟槽的石柱,平坦的山顶直径有85米,整个结构看上去很像巨大的树墩。

卡卡瓦米尔帕溶洞(墨西哥)

距墨西哥市西南约145千米的塔斯科附近,有一个巨大的石灰岩结构,其中的地下泉和地下河溶蚀岩石中的碳化钙形成一系列溶洞,其中最大的即是卡卡瓦米尔帕溶洞。溶洞的主走廊1380米,宽99米,高至70米,拔地而起的石笋最高达40米。

安赫尔瀑布(委内瑞拉)

安赫尔瀑布位于委内瑞拉东南卡罗尼河上方的雨林中,只有乘船或飞机才能接近。此瀑布是以美国飞行员吉米·安赫尔的名字命名的,因为他于1935年在此地区飞行时首次发现它。安赫尔瀑布的高度差不多是尼亚加拉瀑布的18倍,总落差达979米,是世界最高的瀑布。此瀑布从长满青草的高原往下倾泻807米,碰到一块突起的岩石后,又陡直下落172米。

科托帕希火山(厄瓜多尔)

圆锥形的科托帕希火山终年积雪,位于安第斯山脉中,海拔5896米。科托帕希火山是世界最高的活火山,记载最早的爆发是在1533年,最近一次大爆发是在1877年,这也是伤亡人数最多的一次。

图书在版编目（CIP）数据

世界地理未解之谜 / 黎娜编著 .—2 版 .—北京：光明日报出版社，2004（2025.1 重印）（图文未解之谜系列丛书）

ISBN 978-7-80145-943-5

Ⅰ.世… Ⅱ.黎… Ⅲ.地理—世界—普及读物 Ⅳ.K91-49

中国国家版本馆 CIP 数据核字 (2004) 第 141415 号

世界地理未解之谜

SHIJIE DILI WEIJIE ZHI MI

编　　著：黎　娜	
责任编辑：李　娟	责任校对：徐为正
封面设计：玥婷设计	封面印制：曹　净

出版发行：光明日报出版社
地　　址：北京市西城区永安路 106 号，100050
电　　话：010-63169890（咨询），010-63131930（邮购）
传　　真：010-63131930
网　　址：http://book.gmw.cn
E - mail：gmrbcbs@gmw.cn
法律顾问：北京市兰台律师事务所龚柳方律师

印　　刷：三河市嵩川印刷有限公司
装　　订：三河市嵩川印刷有限公司
本书如有破损、缺页、装订错误，请与本社联系调换，电话：010-63131930

开　　本：170mm×240mm	
字　　数：128 千字	印　张：10
版　　次：2010 年 1 月第 2 版	印　次：2025 年 1 月第 3 次印刷
书　　号：ISBN 978-7-80145-943-5	
定　　价：27.80 元	

版权所有　翻印必究

Unsolved mysteries  of world geography

世 界 地 理 未 解 之 谜

扫码获取
更多资源